Eugen Bamberger

Liedertexte für die deutschen Sänger Amerika's

Eugen Bamberger

Liedertexte für die deutschen Sänger Amerika's

ISBN/EAN: 9783744633857

Hergestellt in Europa, USA, Kanada, Australien, Japan

Cover: Foto ©Thomas Meinert / pixelio.de

Weitere Bücher finden Sie auf **www.hansebooks.com**

EINE GABE ZUM

18. NATIONAL-SÄNGERFEST DES NORDÖSTL. SÄNGERBUNDES.

LIEDER-TEXTE

FÜR DIE

Deutschen Sänger Amerika's.

ZUSAMMENGESTELLT

VON

EUGEN BAMBERGER UND JULIUS DRESCHER.

JULIUS DRESCHER,

421 EAST 9TH STREET, NEW YORK CITY.

AUFLAGE 10,000 EXEMPLARE.

Zur Einführung.

Auf Ausflügen und bei geselligem Zusammensein von Sängern wird es immer unangenehm empfunden, wenn ein Lied gesungen werden soll und es sind keine Noten vorhanden; nicht der Melodie, sondern des Textes wegen, welcher selten vollständig im Kopfe sitzt. Dieser Umstand hat uns veranlasst, dies Büchlein herauszugeben. Durch Angabe der Intonation ist es jedem Sänger möglich, auch ohne Dirigénten, richtig einzusetzen. Die verschiedenen Register werden sicher dazu beitragen, das Büchlein zu einem recht brauchbaren zu machen, ebenso das bequeme Format; das Büchlein kann stets in der Tasche getragen werden, damit es im Bedarfsfalle gleich zur Hand ist.

Der Firma *Luckhardt & Belder*, 10 Ost 17. Str., New York, sei an dieser Stelle gedankt für die Ueberlassung der Partituren; von dieser Firma können sämmtliche zu diesem Liederbuche gehörigen Noten bezogen werden.

Zum Schlusse sprechen wir die Bitte aus, alle etwa zu Tage tretenden Mängel, sowie Wünsche betreffs Aufnahme neuer Lieder, dem mitunterzeichneten Dirigenten E. Bamberger zu berichten; wir werden die uns gegebenen Rathschläge gern in der nächsten Auflage benutzen.

Bemerkt sei noch, dass die in Philadelphia zu singenden Preis- und Festlieder den Anfang bilden.

EUGEN BAMBERGER, DIRIGENT, ADRESSE: STEINWAY HALL, NEW YORK.

JULIUS DRESCHER, 421 OST 9. STR., NEW YORK.

1. Dornröschen.

A. DREGERT.   Op. 44.

(L. Hinterding.)

Dornröschen sitzt am Waldessaum — Und strählt die braunen Locken, — Der Nordwind pfeift durch Busch und Baum; — Dornröschen lauscht erschrocken.—Das zieht so kalt durch Herz und Sinn— Wie dumpfe Grabeslieder,—Bald sinnend starrt es vor sich hin,—Das Kinn gesenkt auf's Mieder.—„Wie öd' der Wald und liebeleer!—Kein Bienchen kommt zu nippen, — Und auch kein bunter Falter mehr — Zu küssen meine Lippen!—Dahin sind Jubel und Gesang —Fort sind die muntern Gäste!"—Dornröschen seufzt und blickt gar bang—Auf die entlaubten Aeste,—Und fröstelnd hüllt es tief sich ein, — Schliesst müd' die Augenlieder,—„O Lenz, voll Lieb' und Sonnenschein, —Wann kehrst du endlich wieder?"

2. Abendfeier.

C. ATTENHOFER, op. 35.

(Scheffel)

1. Schweigsam treibt ein morscher Einbaum,—Glatt und ruhig liegt der See ; — Purpurwarme Abendschatten—Färben des Gebirges Schnee.—Eines Eilands Klosterhallen—Dämmern aus der Fluth empor;— Aus dem grauen Münster schallen — Glocken zu der Nonnen Chor: — Sempiterni fons amoris,— Consolatrix tristium,— Pia mater Salvatoris, — Ave, virgo virginum!

2. Sanft sich wiegend, leis' verklingend,—Süss ersterbend kommt der Ton,—Luft und Welle tragen schwingend—Seinen letzten Hauch davon.—Und der Hand entsinkt das Ruder,—Im Gebet erschweigt das Herz—Und mir ist's, als trügen Engel—Eine Seele himmelwärts:—Sempiterni etc.

5

3. Rudolf von Werdenberg.

FR. HEGAR, Op. 15

(F. Rohrer.)

Ein Grafenschloss steht trotzig—Auf stolzer Bergeshöh',—Zu seinen Füssen träumet—Ein blauer Al-
pensee.—Verschwunden Graf und Ritter,—Vermodert
Mann und Ross,—Des Epheu grüne Ranken—Um-
fah'n das graue Schloss.—Ringsum gespenstig stille—
Des Lebens Odem ruht,—Doch mit der Dämm'rung
Schleier—Da steigt es aus der Fluth;—Im tiefen See
erwachet—Aus langem Todesschlaf,—Mit Knappen
und Rittern Rudolph,—Zu Werdenburg der Graf.

Er schreitet aus der Tiefe—Mit wuchtig stolzem
Schritt;—Im schweren Erz gewappnet,—Das Heer
folgt seinem Tritt.—Zur Schlacht! Zum Sturme! Rit-
ter,—Mir nach! Den Berg hinan!—Mir nach zum
Kampfe, zum Siege!—Ich breche Euch die Bahn.—
Nun falscher Monfort zittre!—Zersplittert fällt das
Thor,—Aus mancher Todeswunde—Quillt warm das
Blut hervor.—Herr Monfort liegt erschlagen,—Rings
Wehruf und Gestöhn,—Von Werdenberg Graf Rudolph
—Lässt Siegesbanner web'n.—Da wallen finstre Ne-
bel—Hernieder feucht und schwer,—Mit ihnen sinkt
zur Tiefe—Der Graf sammt seinem Heer.—Im Dunkel
lautlos ruhet—Das Schloss wie eine Gruft.—Zum
Epheu flüstert kosend—Der wilden Rose Duft.

4. Den lieben langen Tag.

Volksweise arr. von C. SAMANS.

1. :,: Den lieben langen Tag—
Hab' i nur Schmerz und Plag',:,:
— Und sollt' am Abend doch nit
weine!— :,: Wenn i am Fenster
steh'—Und in die Nacht 'nei seh'--Da muss i weine—
So ganz alleine. :,:

2. :,: Denn ach! mein Schatz is todt—Is drob'n
beim lieben Gott! :,:—Er war mit Herz und Sinn, der
Meine!—:,: Ich seh' ihn nimmermehr—Das macht mir's
Herz so schwer—Un i muss weine—Bin so alleine. :,:

3. :,: Jetzt kommt er nimmermehr!—Das drückt
mi' gar zu schwer, :,:—Und muss i Abends immer
weine!—:,: Wenn d' Sterne scheine geh'n,—Glaub' i
sein Aug' zu seh'n—Dann muss i weine—So ganz
alleine. :,:

6

5. Die Auserwählte.

Volksweise arr. von C. SAMANS.

1. (Ruck, Ruck, Ruck) —:,: Mädele ruck, ruck, ruck an meine grüne Seite—I hab' di gar so gern, i ma di leide! :,:—:,: Bist so lieb und gut,—Schön wie Milch und Blut,—Du musst bei mir bleibe,—Musst mir die Zeit vertreibe. :,:—Mädele ruck, etc.

2. (Guck, guck, guck) —:,: Mädele, guck, guck, guck in meine schwarze Auge,—Da kanns dei lieblichs Bildle drinne schaue! :,:—:,: Guck nur recht drei' 'nei, —Du musst drinne sei—Bist du drinne z' Haus—Kommst au nimmer 'raus. :,:—Mädele guck, etc.

3. (Du, du, du) —:,: Mädele, du, du, du;—Musst mir den Trauring gebe,—Denn sonst liegt mir ja nichts mehr an mei'm Lebe! :,:—Wenn i di net krieg, —Gang i fort in Krieg,—Wenn i di net hab',—Ist mir die Welt ein Grab. :,:—Mädele, du, etc.

6. Die Ehre Gottes.

L. v. BEETHOVEN.

(C. F. Gellert.)

1. Die Himmel rühmen des Ewigen Ehre,—Ihr Schall pflanzt seinen Namen fort,—Ihn rühmt der Erdkreis, ihn preisen die Meere,—Vernimm o Mensch ihr göttlich Wort.—Wer trägt der Himmel unzählbare Sterne?—Wer führt die Sonn' aus ihrem Zelt?—Sie kommt und leuchtet und lacht uns von ferne,—:,:Und läuft den Weg gleich als ein Held. :,:

2. Vernimm's und siehe die Wunder der Werke,— So dir Natur hat aufgestellt,—Verkündigt Weisheit und Ordnung und Stärke—Dir nicht den Herrn, den Herrn der Welt?—Kannst du der Sterne unzählbare Heere,—Den kleinsten Staub fühllos beschau'n?— Durch wen ist Alles? o gieb ihm die Ehre,—:,: Mir ruft der Herr sollst du vertrau'n. :,:

Der Schluss hat auch folgende Leseart:—Er ist dein Schöpfer, ist Weisheit und Güte,—Ein Gott der Ordnung und dein Heil!—Ihn liebe von ganzem Gemüthe—:,: Und nimm an seiner Gnade theil! :,:

7. Wenn zwei sich gut sind.

Ed. Kremser.

1. Kein Graben so breit, keine Mauer so hoch—Wenn zweie sich gut sind sie treffen sich doch.

2. Kein Wetter so schlecht und zu schwarz nicht die Nacht,—Wenn zwei sich seh'n wollen es wird schon gemacht.

3. Es gibt wohl noch Mondschein, es scheint wohl ein Stern,—Es gibt wohl ein Lichtchen, 's gibt wohl 'ne Latern.

4. :.: Es gibt ja noch Leitern, zu schmal ist kein Steg,—Wenn zwei sich nur gut sind, sie finden den Weg. :,:

8. Fort zum Süd.

Arr. von I. W. Jost.

(J. D. Hertzog.)

1. Allüberall im rauhen Norden —Weil' ich allein,—Und einsam ist mein Herz geworden,—Wie könnt' es anders sein?—Kalt blickt man auf mich Armen nieder,—Bin krank und müd',—O wär' ich bei den Lieben wieder—Drunten im sonnigen Süd'.—Fort zum Süd', voll Glanz und Schimmer—Lasst mich zieh'n noch heut' nach dem Süd', — Zum sonnigen Heimathland, das immer—Seele und Herz mir erfreut.

2. Im Süden weilt' ich, ach so gerne—O gold'ne Zeit!—Wie liegst du heute mir so ferne,—Wie liegst du heut' so weit!—Wie wonnig flossen hin die Tage— Im schönen Süd'—Doch Niemand hört hier meine Klage, — Sehnsuchtsvoll heimwehdurchglüht. — Fort zum Süd' etc.

3. Mein Heimathland, dem nichts vergleichbar,— Wonniges Land,—Wie liegst du fern mir unerreichbar —Meerflut umrauschter Strand.—Noch einmal möcht' ich wieder schauen — Dich Heimathflur — Mit deinen Hügeln, deinen Auen,—Einmal, noch einmal nur.— Fort zum Süd' etc.

9. Kärnthner Volkslied.

FR. KOSCHAT, op. 4, No. 1.

1. Verlassen, verlassen, verlassen
bin i — Wia da Stan auf der Strassen,
— Ka Diandle mag mi! — Drum geh i
zum Kirchlan, — Zum Kirchlan weit 'naus, —:,: Durt
knia i mi nieder, — Und wan mi halt aus. :,:

2. Im Wald steht a Hügerl, — Viel Bleamerln
blüah'n drauf, — Durt schlaft mei' arm's Diandle, —
Ka Liab weckt's mehr auf. — Durthin is mei Wallfahrt,
— Durthin is mei Sinn, —:,: Durt merk i recht deut-
lich, — Wia verlassen i bin. :,:

10. Vale.

HERMANN SPIELTER.

(K. Sti ler.)

1. Es war ein Mönch
Waldramus, —:,: Dem seli-
ges Leid geschah:,:—Er läutet :,:die Abendglocken:,:
—:,: Vale carissima, :,:

2. Es steht eine Burg am Berge, —:,: Wo er die
Traute sah:,:—Sein Herz :,:klingt in die Glocken::,:
—:,: Vale carissima. :,:

3. Fern sollt' ihm stehen Minne —:,: Und stand
ihm doch so nah :,: — Es steht :,: ein Kloster im
Thale :,:—:,: Vale carissima. :,:

11. Es blühet die Lieb'.

C. ATTENHOFER, op. 89, No. 3.

(C. Hausmann.)

1. Es blühet die Lieb' und es blühet der Wein—
Und die Rosen duften im Thal—,— Rings goldener
funkelnder Sonnenschein,—Die Vögel schmettern im
grünen Hain:—:,: Grüss dich Gott, mein herzig Lieb,
—Wirst bald mein eigen sein. :,:

2. Eine Welt voll Lust in dem Herzen so klein!—
Wie es jubelt, jauchzet und singt!—Wie es schwelgt
in seligen Träumerei'n!— O wonnige Lust mit dir
allein.—:,: Grüss dich Gott etc. :,:

12. Ach weisst du es noch.

CARL FIQUÉ.

1. Ach weisst du es noch?—
Ein Maitag war's—Der über die
Wellen des lockigen Haars—Dir
schimmernde Blüthen streute.—
Wir sassen unter dem wehenden Baum,—Und hatten
uns lieb und wussten es kaum—Und waren glückliche
Leute.

2. :,: Ach weisst du es noch? :,:—In der Julinacht,
—Der Mond ging auf in dämmernder Pracht,—Es
leuchteten wetternde Flammen.—Und wie die Knospe
zur Blüthe sprang,—Die Liebe hinein in die Herzen
uns drang,—Da sassen wir fröhlich beisammen.

3. :,: Ach weisst du es noch? :,:—Da der Sommer
verflog,—Die Rose welkte, die Schwalbe zog,—Und
Nebel bedeckte die Haide.—Du schrittest hernieder
zum einsamen Strand,—Es harrte das Boot, du gabst
mir die Hand,—Und Abschied nahmen wir Beide.—
Ach weisst du es noch?

13. Frühling wird es doch einmal.

G. BALDAMUS, op. 39, No. 2.

1. Nur die Hoffnung fest-
gehalten, — Wanke nicht bei
Gram und Qual;—:,: Alles :,: wird sich schon gestalten—Frühling wird es doch einmal!—Magst die lauen
Winde fragen,—Wenn sie weh'n in Berg und Thal,—
Und sie werden dir es sagen:—Frühling wird es doch
einmal.

2. Bächlein rauscht vom Berg hernieder,—Blumen
blüh'n am Sonnenstrahl, — :,: Alle :,: Vögel singen
wieder, — Frühling etc. — Alles wird sich schon
gestalten,—Wanke nicht bei Gram und Qual,—Nur
die Hoffnung festgehalten:—Frühling etc.

3. Sonnengold und Duft der Rosen—Wogen leicht
durch Berg und Thal,—:,: Klare :,: Gletscherbäche
tosen,—Frühling etc.—Auf die Berge wird er steigen,
—Wie ein junger Held zumal,—Jauchzend klingt der
volle Reigen:—Frühling etc.

14. Gebet.

C. ATTENHOFER, op. 89, No. 1.

Wild tobt die See, die Woge rollt—Am Felsenufer
steht—Des Fischers Weib mit bangem Blick—Auf's
Meer hinaus sie späht.—Die Hände faltend fleht sie
laut:—„O Vater! hör' mich an!—Bring meinen Gatten
mir zurück,—Beschütze seinen Kahn!—O lass ihn nicht
ein Opfer sein—Ein Opfer der Wellen Wuth.—Doch
willst du anders, klag' ich nicht—Denn was du thust,
das ist gut."

15. Der erste Kuss.

FR. JOHN.

1. Mein Lieb ist eine holde
Maid — Ich lieb' sie schon so
lange Zeit — Doch machte mir
das stets Verdruss—Dass sie nie zum Genuss—Mir
gab' nen süssen Kuss—'Nen süssen Kuss.

2. Ach, glaub' es mir, ich bin ihr gut,—Sie ist so
drall, voll Lebensmuth,— Doch wenn ich sie 'mal küssen will—Da ist sie äusserst still.—Und doch mein
grösster Hochgenuss—Ist doch ein Kuss.

3. Wir sind nun einig, sind vertraut,—Sie ist jetzt
meine holde Braut,—Nun bin ich glücklich, bin ich
froh!—O bleib' es immer so.—Heut' gab sie mir den
ersten Kuss—'Nen süssen Kuss.

16. Wanderlust.

J. STUBBE.

Hört ihr nicht den Ruf er-
klingen? — Bäume rauschen,
Halme flüstern,—Quellen mur-
meln, Vögel singen!—Lasst uns wandern. — Durch
die Wälder, durch die Felder,—Durch die Thäler über
Höhen,—Ueber Ströme, über Meere,—Wo die freien
Lüfte wehen. — Und ich will auch Lieder singen,—
Süsse alte Märchenweisen — Lasst mich wandern,
lasst mich wandern!—Wo die freien Lüfte wehen.—
La, la, la, etc.

17. Still ruht der See.

HEINRICH PFEIL, op. 10.
(Pfeil.)

1. Still ruht der See! Die Vögel schlafen,—Ein Flüstern nur, du hörst es kaum!—Der Abend naht, nun senkt sich nieder—:,: Auf die Natur ein süsser Traum! :,:

2. Still ruht der See! Durch das Gezweige—Der heil'ge Odem Gottes weht; — Die Blümlein an dem Seegestade.—:,: Sie sprechen fromm ihr Nachtgebet.:,:

3. Still ruht der See! Vom Himmelsdome—Die Sterne friedsam niederseh'n — O Menschenherz gieb dich zufrieden,—:,: Auch du, auch du wirst schlafen geh'n. :,:

18. Grabgesang.

H. PFEIL, op. 10.
(Pfeil)

1. Still ruht dein Herz! Du bist geschieden,—Der Hand entsank der Wanderstab!—Du gingst daheim, du fandest Frieden,—:,: Und alles Leid deckt nun das Grab! :,:

2. Still ruht dein Herz! In Lenzestagen (oder Nach Schmerzenstagen)—Gingst du zur letzten Ruhe ein;—Verstummt sind all' die Erdenklagen — :,: Du schläfst in deinem Kämmerlein! :,:

3. Still ruht dein Herz! Im Vaterhause—Da ruht es aus von allem Weh!—O schlumm're sanft in stillem Hause,—:,: Wir sprechen leis': Ade, Ade! :,:

19. In der schönen Maienzeit.

CARL WEIDT, op. 56.
(Fr. Rueckert.)

1. Kein' schön're Zeit auf Erden ist—Als wie die Zeit des Maien,—Kein' höher' Freud' auf Erden ist,—Als geh'n im Mai zu zweien. — Im Herzen lauter Sonnenschein,—Durchwandern Wiese, Feld und Hain. :,: Im Mai soll man nichts üben, als lieben. :,:

2. Schon ist der holde Mai gekehrt,—Die Lüfte wehen linde—Und war dir noch kein' Lieb' bescheert, —So such' dir eins geschwinde.—Die Vöglein singen früh und spat,—So ist's bestimmt in Gottes Rath.— :,: Im Mai etc. :,:

20. Die verfallene Mühle.

J. RHEINBERGER.

1. Im Buchengrund, in grüner Nacht—Liegt die verfallene Mühle,— Da blüh'n nur Zauberblumen sacht —In Sommermittags Schwüle.— Das Wasser stürzt zum Rad hinein,—:,: Rauscht fort :,: in Waldeskühle, —Es rauscht tagaus, es rauscht tagein.—:,: Still aber liegt die Mühle. :,:

2. Die Linde einsam vor der Thür' — Schaut :,: fragend :,: durch die Scheiben,—Doch kein Mägdlein tritt herfür—Zum Brunnen unter den Eiben.— :,:In stiller Nacht nur singt es lind :,:—Dort in der Waldeskühle, — :,: Am Morgen hat's verweht der Wind,:,:—Und einsam liegt die Mühle.

21. Schäfer's Sonntagslied.

C. KREUTZER.

(L. Uhland.)

:,: Das ist der Tag des Herrn :,: —Ich bin allein auf weiter Flur,—:,: Noch eine Morgenglocke nur :,:—:,: Nun Stille nah' und fern :,: —Anbetend knie' ich hier!—:,: O süsses Grau'n geheimes Weh'n!:,:—Als knieten Viele ungeseh'n—Und beteten mit mir.—Der Himmel nah' und fern,—Er ist so klar und feierlich,—So ganz als wollt' er öffnen sich!—:,: Das ist der Tag des Herrn. :,:

22. Der Friedhof.

NEEFE.

(Stockmann.)

1. Wie sie so sanft ruh'n,—Alle die Seligen,—Zu deren Wohnplatz—Jetzt meine Seele schleicht!—Wie sie so sanft ruh'n—In den Gräbern,—Tief zur Verwesung hinabgesenket.

2. Und nicht mehr weinen—Hier, wo die Klage schweigt,—Und nicht mehr fühlen—Hier, wo die Freude flieht,—Und von Cypressen—Sanft umschattet,—Bis sie der Engel hervorruft, schlummern.

23. Im Grase thaut's.

Max Spicker, op. 23.

(Jul. Wolff.)

1. Im Grase thaut's, die Blumen träumen—Von ihrem bunten Honigdieb,—Und droben flüstert's in den Bäumen:—Schläfst du? Schläfst du, mein trautes Lieb?—Der Mond scheint durch den grünen Wald.
2. Ein Aestlein wankt mit leisem Wiegen,—In dunkler Blätter Heimlichkeit—Regt sich ein Kosen, Schweben, Schmiegen:—Dir treu, dir treu in Ewigkeit.—Der Mond etc.
3. Nun wird es still in Luft und Zweigen,—Ein wonnig Athmen hebt die Brust,—Dich küsst die Nacht mit süssem Schweigen,—Ruh' aus, ruh' aus von Lieb' und Lust.—Der Mond etc.

24. Das deutsche Lied.

J. W. Kalliwoda.

1. Wenn sich der Geist auf Andachtsschwingen—Zum Himmel hebt, —Durch Erdennacht zum Licht zu dringen,—Die Seele strebt;—:,:Dann fühlt die Brust ein *heilig* Drängen, :,:— :,:Das aufwärts zieht :,:— :,:Und es ertönt in *ernsten* Klängen—Das deutsche Lied. :,:
2. Erbleichen all' die kleinen Sterne—Der Kindheit Nacht,—Und kündet Morgenroth von ferne—Der Sonne Pracht;—:,:Dann fühlt die Brust ein *selig* Drängen,:,:—:,:Das Lied erblüht,:,:—:,:Und es ertönt in *inn'gen* Klängen—Das deutsche Lied.:,:
3. Und lodern auf des Kampfes Flammen—In. heissem Brand—Wir schaaren muthig uns zusammen —Für's Vaterland.—*:,:Dann fühlt die Brust ein *mächtig* Drängen,:,:—:,:Die Freiheit glüht.:,:—:,:Und es ertönt in *Feuer*klängen—Das deutsche Lied.:,:
4. Das deutsche Lied aus deutschen Herzen,— Quillt stark und frei,—Beschwingt die Freuden, heilt die Schmerzen,—Schafft Jugend neu.—:,:Was nur die deutsche Brust mag drängen, :,: —:,: Es wird zum Lied,:,:—:,:Drum töne fort mit *ew'gen* Klängen,—Du deutsches Lied.:,:

25. Die Kapelle.

C. KREUTZER.

(L. Uhland.)

1. :,: Was schimmert dort auf dem Berge so schön,—Wenn die Sterne hoch am Himmel aufgeh'n! :,:—:,: Das ist die Kapelle still und klein,—Sie ladet den Pilger zum Beten ein. :,:

2. :,: Was tönet in der Kapelle zur Nacht,—So feierlich ernst in ruhiger Pracht? :,:—:,: Das ist der Brüder geweihter Chor,—Die Andacht trägt sie zum Herrn empor. :,:

3. :,: Was hallet und klinget so wunderbar—Vom Berge herab so tief und klar? :,:—:,: Das ist das Glöcklein, das in die Gruft—Am frühen Morgen den Pilger ruft. :,:

26. Abendgebet.

C. KREUTZER.

1. Schon die Abendglocken klangen,—Und die Flur im Schlummer liegt,—Wenn die Sterne aufgegangen,—Jeder gern im Traum sich wiegt.—:,: Ja, ein ruhiges Gewissen—Mög' euch stets den Schlaf versüssen,—Bis der Morgenruf erschallt—Und das Horn vom Felsen hallt. :,:

2. Schlummert süss und jeden Morgen—Weck' euch froh der Sonne Strahl,—Schlummert süss und frei von Sorgen,—Frei von Sünden, Angst und Qual. —:,: Ja, ein ruhiges Gewissen—Mög' euch stets den Schlaf versüssen,—Dass wenn Gottes Ruf erschallt,—Er nicht bang' in's Herz euch hallt. :,:

27. An das Vaterland.

C. KREUTZER.

(L. Uhland.)

1. Dir möcht' ich diese Lieder weihen,—Geliebtes, theures Vaterland!—Denn dir, dem neuerstand'nen freien —:,: Ist all' mein Sinnen zugewandt. :,:

2. Doch Heldenblut ist dir geflossen;—Dir sank der Jugend schönste Zier!—:,: Nach solchen Opfern heilig grossen,—Was gälten diese Lieder dir? :,:

28. Frieden.

C. Kloss.

(C. Sauppe.

1. Da unten ist Frieden—Im dunkeln Haus,—Da schlummert der Müde—Da ruht er aus—Und schlief er im Schimmer—Des Abends ein,—Es wecket ihn nimmer—Der Frühe Schein.

2. Den hier einst gemieden—Ersehnte Ruh',—Hier schliesst er zum Frieden—Sein Auge zu.—Der schmerzlich Stunden — In Noth durchwacht, — Still schläft er da unten,—In tiefer Nacht.

3. Da borgt nicht die Hülle—Des Traumes der Schmerz,—Auf ewig nun stille,—Steht hier das Herz. —Mag's toben da oben,—Und stürmen sehr,—Was kümmert das Toben—Den Schläfer mehr.

29. Auf der Wanderung.

Nach J. Stern.

(Hoffmann von Fallersleben.)

1. Zwischen Frankreich und dem Böhmerwald,—Da wachsen uns're Reben,—Grüss mein Lieb' am grünen Rhein, — Grüss' mir meinen kühlen Wein! — :,: Nur in Deutschland :,:—Da will ich ewig leben.

2. Fern in fremden Landen war ich auch,—Bald bin ich heimgegangen,—Heisse Luft und Durst dabei, —Qual und Sorgen mancherlei.—:,:Nur nach Deutschland :,:—Thät heiss mein Herz verlangen.

3. Ist ein Land, es heisst Italia,—Blüh'n Orangen und Citronen.—„Singe" sprach die Römerin,—Und ich sang nach Norden hin:—:,:Nur in Deutschland,:,: Da muss mein Schätzlein wohnen.

4. Als ich sah die Alpen wieder glüh'n—Hell in der Morgensonne;—Grüss' mein Liebchen gold'ner Schein,—Grüss' mir meinen grünen Rhein!—:,: Nur in Deutschland :,:—Da wohnet Freud' und Wonne.

30. Der frohe Wandersmann.

F. Mendelssohn—Bartholdy.

(Eichendorff.)

Wem Gott will rechte Gunst er-
weisen,—Den schickt er in die weite Welt;—:,:Dem
will er seine Wunder weisen:,:—:,:In Berg und Wald
und Strom und Feld.:,:

Die Bächlein von den Bergen springen,—Die
Lerchen schwirren hoch vor Lust,—:,:Was sollt' ich
nicht mit ihnen singen:,:—:,:Aus voller Kehl' und
voller Brust?:,:

Den lieben Gott lass ich nur walten;—Der Bächlein, Lerchen, Wald und Feld—:,:Und Erd' und Himmel will erhalten,:,:—:,:Hat auch mein Sach' auf's
Best' bestellt!:,:

31. Waldandacht.

Franz Abt.

1. Früh Morgens, wenn die Hähne
kräh'n,—Eh' noch der Wachtel Ruf erschallt,—Eh' wärmer all' die Lüfte weh'n,
—Vom Jagdhornruf:,:das Echo hallt,:,:
—:,:Dann gehet leise nach seiner Weise:,:—:,:Der
liebe Herrgott durch den Wald.:,:

2. Die Quelle, die ihn kommen hört,—Hält ihr
Gemurmel auf sogleich,—Auf dass sie nicht die An-
dacht stört—So gross als klein:,:im Waldbereich.:,:
—:,:Die Bäume denken: nun lasst uns senken,:,:—
:,:Vor'm lieben Herrgott das Gesträuch.:,:

3. Die Blümlein, wenn sie aufgewacht,—Sie
ahnen auch den Herrn alsbald—Und schütteln rasch
den Schlaf der Nacht—Sich aus den Augen:,:mit Gewalt.:,:—:,:Sie flüstern leise ringsum im Kreise::,:—
:,:Der liebe Gott geht durch den Wald.:,:

32. Der Mai ist gekommen.

VOLKSWEISE.

(E. Geibel.)

1. Der Mai ist gekommen, die Bäume schlagen aus, — Da bleibe, wer Lust hat, mit Sorgen zu Haus; —Wie die Wolken dort wandern am himmlischen Zelt, —So steht auch mir der Sinn in die weite, weite Welt.

2. Herr Vater, Frau Mutter, dass Gott euch behüt'; —Wer weiss, wo in der Ferne mein Glück mir noch blüht?—Es giebt so manche Strasse, da nimmer ich marschiert,—Es giebt so manchen Wein, den ich nimmer noch probiert.

3. Frisch auf drum, frisch auf im hellen Sonnenstrahl,—Wohl über die Berge, wohl durch das tiefe Thal.—Die Quellen erklingen, die Bäume rauschen all';—Mein Herz ist wie 'ne Lerche und stimmet ein mit Schall.

4. Und abends im Städtlein, da kehr' ich durstig ein;—,,Herr Wirth, Herr Wirth, eine Kanne blanken Wein!''—Ergreife die Fiedel, du lustiger Spielmann du,—Von meinem Schatz das Liedel, das sing ich dazu.

5. Und find ich keine Herberg', so lieg' ich zu Nacht—Wohl unter blauem Himmel, die Sterne halten Wacht;—Im Winde die Linde, die rauscht mich ein gemach,—Es küsst in der Früh' das Morgenroth mich wach.

6. O Wandern! o Wandern, du freie Burschenlust! Da wehet Gottes Odem so frisch in der Brust,—Da singet und jauchzet das Herz im Himmelszelt;—Wie bist du schön, o du weite, weite Welt.

33. Die Nacht.

F. SCHUBERT.

1. Wie schön bist du,—Freundliche Stille. himmlische Ruh'!— Sehet wie die klaren Sterne—Wandeln in des Himmels Auen,—Und auf uns herniederschauen.—:,: Schweigend aus blauer Ferne. :,:

2. Wie schön bist du,—Freundliche Stille, himmlische Ruh'!—Schweigend naht des Lenzes Milde—Sich der Erde weichem Schooss,—Kränzt den Silberquell im Moos,—:,: Und mit Blumen die Gefilde. :,:

34. Sturmbeschwörung.

Jul. Dürrner.

(J. Falk.)

1. Wie mit grimm'gem Unverstand — Wellen sich bewegen! — Nirgends Rettung, nirgends Land, — Vor des Sturmes Schlägen. — Einer ist, der in der Nacht — Einer ist, der uns bewacht, :,: *Christ Kyrie!*:,: — Komm, komm zu uns auf die See.

2. Wie vor unserm Angesicht — Mond und Sterne schwinden! — Wenn des Schiffleins Ruder bricht, — Wo dann Rettung finden? — Wo sonst als nur bei dem Herrn! — Seht ihr nicht den Abendstern? — :,:*Christ Kyrie*:,: — Erschein' uns auf der See.

3. Nach dem Sturme fahren wir — Sicher durch die Wellen, — Lassen grosser Schöpfer, dir — Unser Lob erschallen! — Lobet ihn mit Herz und Mund! Lobet ihn zu jeder Stund, — :,:*Christ Kyrie*.,: — Ja dir gehorcht die See.

35. Aennchen von Tharau.

Simon Dach.

(Herder.)

1. Aennchen von Tharau ist's, die mir gefällt,—Sie ist mein Leben, mein Gut und mein Geld. —Aennchen von Tharau hat wieder ihr Herz—Auf mich gerichtet in Lieb' und in Schmerz;—Aennchen von Tharau, mein Reichthum, mein Gut!—Du meine Seele, mein Fleisch und mein Blut!

2. Käm' alles Wetter gleich auf uns zu schlahn, —Wir sind gesinnt, bei einander zu stahn:—Krankheit, Verfolgung, Betrübniss und Pein — Soll uns'rer Liebe Verknotigung sein. — Aennchen von Tharau, mein Licht und mein' Sonn'!—Mein Leben schliess' ich um deines herum!

3. Würdest du gleich einmal von mir getrennt,— Lebtest da, wo man die Sonne kaum kennt;—Ich will dir folgen durch Wälder und Meer,—Eisen und Kerker und feindliches Heer!—Aennchen von Tharau, mein Reichthum, mein Gut!—Du meine Seele, mein Fleisch und mein Blut.

36. Ergo bibamus.

M. EBERWEIN.

(Goethe.)

1. Hier sind wir versammelt zu löblichem Thun,—Drum Brüderchen: Ergo bibamus!—Die Gläser sie klingen, Gespräche sie ruh'n;—Beherziget: Ergo bibamus!—Das heisst noch ein altes, ein tüchtiges Wort;—Es passet zum ersten und passet so fort,—Und schallet ein Echo von festlichem Ort,—Ein herzliches: Ergo bibamus!

2. Ich hatte ein freundliches Liebchen geseh'n,—Da dacht' ich mir: Ergo bibamus!—Und nahte mich freundlich, da liess sie mich steh'n,—Ich half mir und dachte: Bibamus!—Und wenn sie versöhnet, euch herzet und küsst.—Und wenn ihr das Herzen und Küssen vermisst.—So bleibet nur, bis ihr was Besseres wisst,—Beim tröstlichen: Ergo bibamus!

3. Was sollen wir sagen vom heutigen Tag?—Ich dächte nur: Ergo bibamus!—Er ist nun einmal von besonderem Schlag;— D'rum immer auf's Neue: Bibamus!—Er führet die Freude durch's offene Thor.—Es glänzen die Wolken, es theilt sich der Flor,—Da leuchtet ein Bildchen, ein göttliches, vor;—Wir klingen und singen: Bibamus!

37. Des Jägers Abschied.

F. MENDELSOHN-BARTHOLDY.

(Eichendorff.)

1. Wer hat dich, du schöner Wald, — Aufgebaut so hoch da droben?— :.:Wohl den Meister will ich loben,— So lang' noch mein Stimm' erschallt.:,:—:,:Lebe Wohl!:,:—:,:Lebe wohl, du schöner Wald!:,:

2. Tief die Welt verworren schallt,—Oben einsam Rehe grasen,—:,:Und wir ziehen fort und blasen,—Dass es tausendfach verhallt::,:—:,:Lebe wohl!etc.:,:

3. Was wir still gelobt im Wald, — Wollen's draussen ehrlich halten,— :,:Ewig bleiben treu die Alten:—Bis das letzte Lied verhallt.:,:—:,:Lebe wohl! —:,: Schirm' dich Gott, du schöner Wald!:,:

38. Haidenröslein.

H. WERNER.

(Goethe).

1. Sah ein Knab' ein Röslein steh'n, —Röslein auf der Haiden;—War so jung und morgenschön,—Lief er schnell, es nah' zu seh'n,—Sah's mit vielen Freuden.— :,: Röslein, Röslein, Röslein roth,—Röslein auf der Haiden.:,:

2. Knabe sprach: ich breche dich,—Röslein auf der Haiden!—Röslein sprach: ich steche dich,—Dass du ewig denkst an mich,—Und ich will's nicht leiden. —:,: Röslein, etc.:,:

3. Und der wilde Knabe brach—'s Röslein auf der Haiden;—Röslein wehrte sich und stach,—Half ihm doch kein Weh und Ach,—Musst' es eben leiden. :,: Röslein, etc. :,:

39. Im Mai.

Arrangirt von J. RIETZ.

(J. Paul.)

1. Drauss' ist Alles so prächtig—Und es ist mir so wohl,—Wenn mei'm Schätzle bedächtig—A Sträussle ich hol'.—Mein Herzlein thut sich freue—Und es blüht mir auch darin!—Im Mai, im schönen Maie—:,: Han i viel no' im Sinn. :,:

2. Wenn die Vöglein thun singen,—Früh Morgens zieh' ich aus,—Kann es halt no' verzwinge,—Hol' ich's Schätzle in's Haus. — Und es wird sich schon mache,—Denn ich mein' es ja so gut:—Unser Herrgott wird schon mache,—:,: Dass mer z'samme uns thut. :,:

3. Wenn am Abend erklinge—Rings die Glöckle zur Ruh',—Will mei m Schätzle ich singe:—Mach' die Aeuglein jetzt zu!—Alle Blümle verblühen—Und der Mai is bald vorbei:—Doch dafür wird er einziehen—:,: In zwei Herzen so treu! :,:

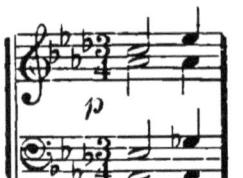

40. Nachtgesang.

F. X. Chwatal.

(H. Chezy.)

1. Nacht, o Nacht, du heil'ge Nacht, — Breitest deinen Friedensschleier—Ueber Wiese, Wald und Weiher,—:,:Wehest süsse, süsse Ruh',—Liebend allen Müden zu. :.:

2. Nacht, o Nacht, du heil'ge Nacht!—Hebest uns in Traumgebilden—Auch zu schöneren Gefilden, :,: Leitest lächelnd uns zum Glück;—Kehrten nie doch wir zurück!:,:

3. Nacht, o Nacht, du heil'ge Nacht!—Lass' auch jetzt in deinem Arme—Ruhen mich nach langem Harme;—:,:Webe Liebchen, hold und mild,—Tröstend in mein Traumgebild. :,:

Solo. *f*

41. Trinklehre.

F. Abt.

(J. R. Vogl.)

1. Wem bring' ich wohl das erste Glas?—Wer lehrt mich das?—Das erste Glas dem grossen Geist,—Der Trost im Wein uns finden heisst,—Der unsre Welt so schön gemacht —:,:Ihm sei das erste Glas gebracht.:,:

2. Wem bring' ich wohl das zweite Glas? — Wer lehrt mich das?—Das zweite Glas dem Vaterland,—Wo meiner Kindheit Wiege stand,—Wo Muttersorge mich bewacht,—:,:Ihm sei das zweite Glas gebracht.:,:

3. Wem bring' ich wohl das dritte Glas? — Wer lehrt mich das?—Das dritte Glas dem treuen Weib,—Das eigen mir mit Seel' und Leib,—In dessen Blick mir Liebe lacht—:,:Ihm sei das dritte Glas gebracht:,.:

4. Wem bring ich wohl das letzte Glas? — Wer lehrt mich das?—Das letzte Glas dem guten Recht,—Das stets verdammt, was falsch und schlecht,—Und alles Gute hält in Acht. — :,:Ihm sei das letzte Glas gebracht.:,:

42. Die Thräne.

I. Witt.

1. Wohl war es eine Seligkeit —
Wohl war es eine Lust,—Wie ich dereinst in schöner Zeit — :,: Geruht an
deiner Brust. :,:—Doch hat uns nicht
die Lieb' allein, — Uns hat der Schmerz vereint! —
:,:Die Thräne die vergess ich nie,—Die du um mich
geweint. :,:

2. Der Vögel Sang verstummt im Hain—Und öd'
ist Berg und Thal,—Da fällt mir auf mein trübes Sein
—:,:Der letzte Sonnenstrahl :,:—Doch wenn auch jede
Spur verweht — Vom Glück, das ich geträumt, —
:,: Die Thräne bleibt mir ewig noch, — Die du um
mich geweint. :,:

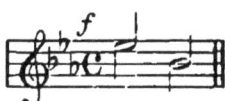

43. Das Lied vom Rheinwein.

C. Zöllner.

1. Heda Wein her! Vom Rhein muss er sein. —
:,:Dein Lob du edler deutscher Rhein—Soll laut von
uns besungen sein, :,: — Denn Rheinwein muss ich
haben, — Soll ich mich weidlich laben — .,:Doch
Wasser! :,: Mit Wasser bleibt mir ferne,—:,: Das trink
ich gar nicht gerne :,: :,: Wein muss es sein, :,: Wein
vom Rhein.

2. Heda etc.—Die Elbe giebt wohl auch was her,
—:,:Man denkt dabei: wenn's besser wär' :,: Ich war
einmal in Meissen,—Und liess mir welchen weisen,—
:,:S' war Wasser! :,: Mit Wasser etc.

3. Heda etc.—An Leipzigs Pleiss- und Elsterfluss,
:,:Mich dauert's, dass ich's sagen muss, :,:—Hat's nie-
mals schlanke Reben, — Wie an dem Rhein gegeben,
—:,:Nur Wasser! :,:—Mit Wasser etc.

4. Heda etc.—Bei Jena drückt man Beeren aus,—
:,: Man denkt, es würde Wein daraus. :,: — Du lieber
Gott in Gnaden, — Bewahr' uns doch vor Schaden.
:,:S' ist Wasser! :,: Mit Wasser etc.

44. Brüder reicht die Hand zum Bunde.

MOZART.

1. Brüder reicht die Hand zum Bunde!—Diese schöne Feierstunde— Führ uns zu den lichten Höh'n[1] — Lasst, was irdisch ist, entfliehen, — Uns'rer Freundschaft Harmonien — :,: Dauern ewig fest und schön. :,:

2. Preis und Dank dem Weltenmeister,—Der der Herzen, der die Geister—Für ein ewig Wirken schuf! —Licht und Recht und Tugend schaffen,—Durch der Wahrheit heil'ge Waffen,—Sei uns göttlicher Beruf.

3. Ihr auf diesem Stern die Besten,—Menschen all' im Ost und Westen,—Wie im Süden und im Nord! —Wahrheit suchen, Tugend üben,—Gott und Menschen herzlich lieben, —:,: Das sei unser Losungswort!:,:

45. Sänger 'raus!

H. JÜNGST.

(Th. Blum.)

1. Wie die Lerche zu den Wolken — Schwing dich auf mein deutsches Lied! — Sieh'! Der Frühling ist gekommen — Neue Lust das All durchzieht! — Lass die Grillen all dahinten,—Sorg' und Kummer lass zu Haus, —Komm'! der Hain, das Feld, die Berge—Rufen mächtig: :,:Sänger raus!:,:

2. Und der Wald mit leisem Rauschen, — Er im Heiligthum Dich grüsst, — Und der Vögel munt're Schaaren,—Und der Bach der murmelnd fliesst,— Und das frische Grün, die Blumen—Und des Frühling's Sturmgebraus',—Laden dich, in ihren Reigen Einzustimmen: :,:Sänger 'raus!:,:

3. Neues Leben ist ersprossen;—Blaue Luft und Sonnenschein, — Wecken aus dem Winterschlafe — Wurm und Falter, gross und klein.—Frühlingsglocken fragen mächtig:—Willst nur du dich schliessen aus?— Nein! Wohlan hinaus in's Weite!—Frisch gesungen! :,:Sänger 'raus!:,:

24

46. Wo möcht' ich sein?

C. Zöllner.

1. Wo möcht' ich sein?—Wo der perlende Wein im Becher glüht,—Wo Männer preisen des Sängers Lied, — Am Rhein, am tobenden schäumenden Rhein,—Da möcht' ich sein!

2. Wo die Braven gedeih'n, wo das eilende Schiff Vorübersteuert am Felsenriff,—Wo die Braven, die Kühnen mit Lust gedeih'n,—Da möcht' ich sein.

3. Wo zwei Freunde sich weih'n auf Lebenszeit, —Einander zu lieben in Lust und Leid,—Wo zwei wackere Männer der Freundschaft sich weih'n,—Da möcht' ich sein.

4. Wo das Liebchen selig an meiner Brust—In's Auge mir schaut mit unendlicher Lust,—Wo mich hold umfasst die Geliebte mein,—Da möcht' ich sein!

47. Drei Gläser.

C. L. Fischer, op. 17.

(Th. Drobisch.)

1. Kennt Ihr die Kraft vom edlen Wein? Es sitzt im ersten Glas—:,:Humor und Neckerei darin, Fidelität und Spass:,: Und weil im Weine Wahrheit liegt, die Vielen oft ein Graus,—:,:So trinken sie den süssen Saft in vollen Zügen aus.:,:

2. Jetzt aber kommt das zweite Glas — Und jeder Tropfen Wein—:,:Wird schnell zu einem Schabernack —Zu Eulenspiegelei'n:,:—Es schliessen sich die Herzen auf — Und Lied ertönt auf Lied, — :,:Das fröhlich aus des Sängers Brust — Hinauf zum Himmel zieht.:,:

3. Dann endlich kommt das dritte Glas—Da sitzt der Teufel drin, — :,:Er steigt dem Trinker in den Kopf,—Verwirrt ihm Sinn auf Sinn.:,:—Er sitzt tief auf der Flasche Grund,—Die volle Flasche ist sein Haus;—:,:Komm Bruder nimm das Glas zur Hand,— Und treib' den Teufel aus.:,:

48. Gut' Nacht, ihr Blumen.

J. WITT, op 35,

1. Gut' Nacht, gut' Nacht ihr Blumen all' — Mit eurem bunten Schein, — Und du vielsüsse Nachtigall, —:,:Lass nun dein Singen sein, :,:—Ihr Wolken wandert ohne Rast,—Deckt nur den Himmel zu.— :,:Mein Lieb' ich halte dich umfasst—Und all' mein Glück bist du. :,:

2. Als mir der Liebe erster Strahl in's junge Herz gelacht;—Sang ich mein Lied vieltausendmal—:,:Dir blaue Sternennacht, :,:—Da sang die Nachtigall vom Ast—Mein träumend Herz in Ruh.—:,:Nun aber halt' ich dich umfasst—Und all' mein Glück bist du. :,:

3. Wohl war das Wandern meine Lust—In schöner Frühlingszeit, — Da ward dem Wandrer Herz und Brust—:,:Von all der Pracht so weit, :,:—Und nun, wie ist so süss die Rast,—Wenn ich im Arm dir ruh! :,:Mein Lieb' etc. :,:

49. Spinn! Spinn!

Nach einer esthländ. Volksweise übert.
von H. GRAESER.

Bearbeitet von HUGO JÜNGST.

(Aus dem Schwedischen.)

1. :,:Mägdlein hielt Tag und Nacht — Traurig an dem Spinnrad Wacht;—Draussen rauschend s' Wasser sprang,—Saust' der Wind und s' Vöglein sang. :,:

2. "Röslein man holt im Haag,—Mich doch Niemand holen mag! — Zeiten flieh'n, nein dieses Jahr führt mich Keiner zum Altar!"

3. "Spinn, spinn, spinn Tochter mein,—Morgen kommt der Freier dein!"—Mägdlein spann, die Thräne rann,—Nie doch kam der Freiersmann.:,:

50. Trinklied.

E. M. Arndt.

1. Bringt mir Blut der edlen Reben — Bringt mir Wein!—Wie ein Frühlingsvogelleben,—In den Lüften will ich schweben—:,:Bei dem Wein!:,:
2. Heil dir, Quell der süssen Liebe, — In dem Wein!—Sorgen schleichen weg wie Diebe,—Und wie Helden glüh'n die Triebe—:,:Bei dem Wein':,:
3. Bringt mir auch, was nicht darf fehlen,—Bei dem Wein!—Aechte treue deutsche Seelen—Und Gesang aus vollen Kehlen—:,:Zu dem Wein!:,:
4. Und dies Letzt', wem soll ich's bringen,—In dem Wein?—Süssestes von allen Dingen,—Dir, o Freiheit, will ich's bringen, :,:In dem Wein!:,:

51. Mädchen mit dem rothen Mündchen.

J. Gall, op. 1 No. 3.

(H. Heine.)

1. Mädchen mit dem rothen Mündchen,—Mit den Aeuglein lieb und klar —Du mein liebes, liebes Mädchen,— Deiner denk' ich immerdar.—Kalt ist heut der Winterabend—Wollte gerne bei dir sein —:,:Bei dir sitzen, mit dir schwatzen— Im vertrauten Kämmerlein.:,:
2. An die Lippen wollt' ich pressen—Deine kleine weisse Hand—Und mit Thränen sie benetzen,—Deine kleine weisse Hand.—Mädchen mit dem rothen Mündchen,—Mit den Aeuglein lieb und klar,—:,:Du mein liebes kleines Mädchen—Deiner denk' ich immerdar.:,:

52. Es steht ein Baum im Odenwald.

Taubert-Erk.

1. Es steht ein Baum im Odenwald,— Der hat viel' grüne Aest',— Da bin ich wohl vieltausendmal — :,: Mit meinem Schatz gewest. :,:
2. Ein Vöglein sang sein helles Lied,— Hoch oben in dem Baum!—Mein Schatz und ich wir hörten zu—:,: Es war uns wie ein Traum!:,:
3. Gebrochen hat den Baum der Wind, — Mein Schatz ruht längst im Grab!—Ich wand're ohne Rast und Ruh'—:,: Die Welt wohl auf und ab!:,:

53. Heute scheid' ich.

C. Isenmann.

(Fr. Müller.)

1. Heute scheid' ich, morgen wandr'
ich; — Keine Seele weint um mich.
—Sind's nicht diese, sind's doch and're,
—Die da trauern, wenn ich wandre: —:,: Holder Schatz,
ich denk' an dich. :,:

2. Auf dem Bachstrom hängen Weiden, —In den
Thälern liegt der Schnee; —Trautes Kind, dass ich
muss scheiden. —Muss nun uns're Heimath meiden, —
:,: Tief im Herzen thut mir's weh. :,:

3. Horch! die Trommel ruft zum Scheiden, —Und
ich drück' dir warm die Hand; —Still' die Thränen,
lass' mich scheiden, —Muss nun für die Ehre streiten.
—:,: Streiten für das Vaterland. :,:

4. Sollt' ich unter freiem Himmel, —Schlafen in
der Feldschlacht ein; —Soll aus meinem Grabe blühen,
—Soll auf meinem Grabe glühen; —:,: Blümchen süss:
Vergissnichtmein!:,:

54. Klage.

F. Glück.

(Eichendorff.)

1. In einem kühlen Grunde—Da
geht ein Mühlenrad, —:,: Mein Lieb-
chen ist verschwunden, —Das dort gewohnet hat. :,:

2. Sie hat mir Treu versprochen, —Gab mir ein'n
Ring dabei, —:,: Sie hat die Treu gebrochen: —Das
Ringlein sprang entzwei. :.:

3. Ich möcht' als Spielmann reisen—Weit in die
Welt hinaus, — :,: Und singen meine Weisen—Und
geh'n von Haus zu Haus. :,:

4. Ich möcht' als Reiter fliegen—Wohl in die
blut'ge Schlacht. —:,: Um stille Feuer liegen—Im Feld
bei dunkler Nacht. :,:

5. Hör' ich das Mühlrad gehen, —Ich weiss nicht
was ich will, — :,: Ich möcht' am liebsten sterben, —
Dann wär's auf einmal still!:,:

55. Frühlingszeit.

CARL WILHELM, op. 26 No. 1.

(Fr. Bodenstedt.)

1. Wenn der Frühling auf die Berge steigt—Und im Sonnenschein der Schnee zerfliesst,—Wenn das erste Grün am Baum sich zeigt—Und im Gras das erste Blümlein spriesst! Wenn vorbei im Thal nun mit einem Mal—Alle Regenzeit und Winterqual,—Schallt es von den Höh'n bis zum Thale weit: —:,:O wie wunderschön ist die Frühlingszeit.:,:

2. Wenn am Gletscher heiss die Sonne leckt,— Wenn die Quelle von den Bergen springt,—Alles rings mit jungem Grün sich deckt—Und das Lustgetön der Wälder klingt—Lüfte lind und lau würzt die grüne Au'—Und der Himmel lacht so rein und blau,— :,:Schallt es von den Höh'n etc...,:

3. War's nicht auch zur jungen Frühlingszeit— Als dein Herz sich meinem Herz erschloss?—Als von dir du wundersüsse Maid,—Ich den ersten langen Kuss genoss—Durch den Hain erklang heller Lustgesang,—Und die Quelle vor den Bergen sprang,— :,: Schallt es etc.:,:

56. Abendständchen.

A. HÄRTEL.

1. :,:Ich grüsse dich,:,: in stiller Nacht–Beim hellen Sternenscheine, — Wo liebend noch mein Auge wacht—Für dich, du einzig Eine.—:,: Denkst du an mich, ich grüsse dich!:,:

2. :,: Ich grüsse dich,:,: die ich allein—Im trauten Herzen trage;—Ich komme dir mein Lied zu weih'n; —Dass meine Lieb' es sage.—:,: Denkst du an mich, ich grüsse dich!:,:

3. :,: Ich grüsse dich, :,: die Laute bebt,—Hörst du sie leis' erschallen?—Ach lass den Gruss,—Der zu dir schwebt, — Im Herzen widerhallen! — :,: Denkst du an mich, ich grüsse dich!:,:

57. Wein-Marsch.

C. A. KERN, op. 71.

1. Gesellen nehmt das Glas zur Hand,—Stosst an! Trinkt aus! Singt fein!—:,:Das Lied vom Wein:,: Ist leicht und klein,—:,: Und flösst uns Lust zum Trinken ein,:,:—O wer das Lied vom Wein nicht weiss,—Der lern' es heut in unserm Kreis. :,: Das Lied vom Wein ist leicht und klein—Und flösst uns Lust zum Trinken ein.:,:

2. :,:Der schwatzt nicht lang:,: bei Gläserklang, —:,: Der Wein begeistert zum Gesang:,:—Wer singen kann, der preis' ihn hoch,—Und wer's nicht kann, der summe doch.—:,:Der schwatzt nicht lang bei Gläserklang,—Der Wein begeistert zum Gesang.:,:

3. Der Wein erfrischt das Blut, giebt neuen Muth —Und macht die Herzen mild, und macht sie immer gut,—Der Wein, der ist der Sorgen jäher Tod—:,:Zu schöner That:,:Ein Aufgebot.

4. Der Trinkgenoss' ist all'zeit ohne Schloss—Und ohne Schätze reich, und ohne Schätze gross.—Ja Götter sind beim Weine wir—:,:Und der Olymp:,: ist künftig hier.

5. :,:Drum bringt dem Wein ein kräftig Hoch!:,: :,:Er lebe hoch:,:Der goldne Wein, :,:Er lebe hoch!:,:

58. Der Wanderbursch.

CARL WEIDT, op 1 No. 1.

(Jul. Sturm.)

1. Ein duftig Sträusschen auf dem Hut—Und frischer Muth und junges Blut—:,:So lässt sich's fröhlich wandern!:,: —Das Sträusslein kam von ihrer Hand,—Und um den Hut das grüne Band—:,:Kam auch von keiner Andern.:,:

2. Und über's Jahr,—O Lieb, o Glück,—Kehr' ich mit Band und Strauss zurück,—Dass sich ihr Herz dran freue!—Und ist verwelkt der frische Strauss,— Und wusch das Band der Regen aus,—:,:Hielt Farbe doch die Treue!.,:

30

59. Trinklied.

V. A. BECKER, op. 101, No. 4.
(P. A. Schall.)

1. Schon im alten Bunde, wie die Bibel weiss,—
Pflegte man die Reben unter Müh' und Fleiss,—Von
den vielen Trinkern, die uns nicht genannt,—Ist als
grosser Zecher Noah wohl bekannt.—:,:Das Glas hervor, du Trinkerchor:,:—Denn der Schöpfer selber gab
uns Rath und Lehr';—Noah lernte fleissig und trank
immer mehr;—Selbst der grösste Dusel hat ihm wohl
behagt,—Ueber Katzenjammer hat er nie geklagt.—
:,:Schenkt ein:,: den goldnen Wein!— Ein schöner
Saft :,:giebt Muth und Kraft!:,:

2. Trinken führt den Menschen ein in Gottes
Welt, — An der Mutter Busen ist er wohl bestellt — S'
ist kein Wunder, wenn der Jüngling, wenn der Mann,
—Was als Kind er lernte später auch noch kann.—
:,:Dies Hoch gebracht der deutschen Wacht!:,:— In
den Meeresgründen, auf der grünen Flur—Trinket
Gottes Segen jede Kreatur;—Seht nur wie sie wackeln,
Blumen auf der Au—Sind beinah betrunken von dem
vielen Thau.— :,:Schenkt ein:,: den gold'nen Wein!—
Das Glas zur Hand :,:für's Vaterland!:,:

3. Aus der Liebsten Augen trink' ich Zug für Zug,
—Reine Himmelsfreuden nie hab' ich genug,—Wer
nie liebetrunken ist ein armer Tropf;—Selbst der
Wurm im Staube trinkt sich einen Zopf! — :,:Dies
Glas hier weiht der deutschen Maid!:,: — Trinket mit
Behagen, trinket mit Verstand;—Wenn ein Becher
fehlet, trinket aus der Hand!—Trinket, scherzt und
küsset, wenn es euch gefällt,—Bis zu schönern Freuden
einer bessern Welt!—:,:Schenkt ein:,: den gold'nen
Wein! — Das Glas geleert! :,:dem deutschen Herd!:,:

60. Der Kamerad.

ARTHUR CLAASSEN.
(Jul. Sturm.)

1. Wir liebten uns wie Brüder,—Der Tod hat uns
getrennt;—:,:Dich riss die Kugel nieder—Und meine
Wunde brennt.:,:

2. Wie kämpftest Du so muthig,—Mein löwen-
starker Held!—:,:Nun liegst du bleich und blutig—Zu
Füssen mir im Feld.:,:

3. Gott zähle dich in Gnaden—Zum auserwählten
Heer!—:,:So treuen Kameraden—Find' ich nun nimmermehr.:,:

61. Noch sind die Tage der Rosen.

MAX SPICKER, op. 24.

(Otto Roquette.)

1. Noch ist die blühende goldene Zeit,
—O du schöne Welt, wie bist du so weit!
—Und so weit ist mein Herz, und so blau wie der Tag,
—Wie die Lüfte, durchjubelt von Lerchenschlag!—
Ihr Fröhlichen, singt, weil das Leben noch mait:—
:,:Noch ist die schöne, blühende Zeit,— Noch sind die
Tage der Rosen! :,:

2. Frei ist das Herz, und frei ist das Lied,—Und
frei ist der Bursch', der die Welt durchzieht,—Und ein
rosiger Kuss ist nicht minder frei,—So spröd' und ver-
schämt auch die Lippe sei,—Wo ein Lied erklingt, wo
ein Kuss sich beut,—Da heisst's:—:,:Noch ist blühende
goldene Zeit,—Noch sind die Tage der Rosen! :,:

3. Ja im Herzen tief innen ist alles daheim,—Der
Freude Saaten, der Schmerzen Keim.—Drum frisch '
sei das Herz und lebendig der Sinn,—Da brauset, ihr
Stürme, daher und dahin!—Wir aber sind allzeit zu
singen bereit:— :,:Noch ist die blühende, goldene
Zeit,—Noch sind die Tage der Rosen! :,:

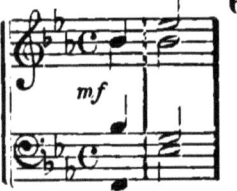

62. Pilgerchor aus Tannhäuser.

R. WAGNER,
Eingerichtet von H. ZÖLLNER.

Beglückt darf nun dich, o Heimath
ich schauen—Und grüssen froh deine
lieblichen Auen.—Nun lass ich ruh'n
den Wanderstab,—Weil Gott getreu ich gepilgert hab'.
—Durch Sühn' und Buss' hab' ich versöhnt—Den
Herren, dem mein Herze fröhnt,—Der meine Reu'
mit Segen krönt,—.,:Den Herren, dem mein Lied ertönt.:,:—Der Gnade Heil ist dem Büsser beschieden,
—Er geht einst ein in der Seligen Frieden,—Vor Höll'
und Tod ist ihm nicht bang'—Drum preis' ich Gott
mein Leben lang! Halleluja, :,:in Ewigkeit.:,:

63. Schifferlied.

CARL ECKERT.

1. Wo die Woge braust, wo der Sturmwind saust, — Wo tief im Grund der Haifisch haust, — Wo die Möve ihre Kreise zieht, — Da schmett're freudig jubelnd Lied, — Auf der See, auf dem hohen weiten Meer, — Da weilt die Freiheit rein und hehr, — Zu Lande dräut viel Noth und Weh, — :, Zieh du mit uns, frei macht die See.:,:—Was weinest du, mein trautes Lieb, — Wir zieh'n die Segel auf, :,:Ich scheide:,: süssen Kuss mir gieb—Und grämst du dich mein süsses Lieb—So komm' zu mir herauf.

2. Wo die Woge braust, wo der Sturmwind saust, —Wo tief im Grund der Haifisch haust, —Wo die Möve ihre Kreise zieht, —Da schmett're freudig jubelnd Lied, —Auf der See, auf dem hohen weiten Meer, —Da weilt die Freiheit rein und hehr, —Und wer zu Land erlitt manch' Weh, —:,:Der zieh' mit uns, frei macht die See:,:—Du kommst zu mir, mein Liebchen traut, — Schmerz und Gram eilt vorbei, —Nur hell mir in's Aug, in's Auge mir geschaut!—:,:Du bleibst des kühnen Schiffers Braut, —die See macht frei!:,:

64. Drei Röslein.

Nach SILCHER gesetzt v. H. ZÖLLNER.

(Volkslied.)

1. :.: Jetzt gang i an's Brünnele, — Trink aber nit. :,:—:,: Da such' i mein herztausigen Schatz.—Find' ihn aber nit.:,:

2. :,: Da lass' i meine Aeugelein—Um und um geh'n,:.:—:,: Da sieh' i mein herztausigen Schatz— Bei 'me andern steh'n.:,:

3. :,: Und bei 'me andern steh'n seh'n, —Ach, das thut weh;:,:—:,: Jetzt b'hüt di' Gott, herztausiger Schatz,—Dich b'sieh i nit meh'.:,:

4. :,:Jetzt kauf' i mir Tinte—Und Feder und Papier,:—:,: Und schreib' mei'm herztausigen Schatz —Einen Abschiedsbrief.:,:

5. :.: Jetzt leg' i mi' nieder—Auf's Heu und auf's Moos, —:,:Da fall'n mir drei Röselein—Nieder in den Schooss.:,:

6. :,: Und diese drei Röselein—Sind rosenroth,:,: —:,: Jetzt weiss i nit, lebt mein Schatz, —Oder ist er todt.:,:

65. Lockung.

LOUIS KÖMMENICH.

(Jul. Wolf.)

1. Schläfst du Liebchen? schläfst du schon?—Lass' kein Traum dich irren,—Horche wie mit leisem Ton—Meine Saiten schwirren. —Blinkend lauschen alle Sterne—Auf mein Liedlein zur Quinterne—Klimperling—kling—kling, lass ein! Liebe will bei Liebe sein.—Lass ein, lass ein!

2. Eilend rauschet der kleine Fluss,—SeineWasser klingen,—Wellen tauschen Gruss und Kuss—Flüchtig im Umschlingen. Willst in meinem Arm dich schmiegen,—Will ich dich wie Wellen wiegen.—Klimperling —kling—kling, mach schnell! Muth ist jeden Glücks Gesell.—Mach schnell, mach schnell.

3. Liebchen, holdes Liebchen komm!—Schleiche auf den Zehen,—Lass mit Zaudern furchtsam fromm —Nicht die Zeit vergehen,—Dass der Morgen uns nicht grauet —Eh' da mir dein Herz vertrauet.—Klimperling — kling — kling, kling, — kling!— Horch der Riegel klirrt im Ring.—Kling—ling.

66. Nachtzauber.

A. M. STORCH.

(W. Cappileri.)

1. Hoch glänzt das Licht der Sterne — Zaubervoll wie Demantlicht, — Das aus weiter Himmelsferne—:,:Durch das mächt'ge Dunkel bricht:,:—Alles schlummert ringsum leise—In der heiligen Natur.—:,:Nur der Nachtigallen Weise—tönet süss:,: durch Feld und Flur.

2. Und es ziehet durch die Bäume—Wie ein leiser Geisterhauch — So, als ob der Gott der Träume — :,:Flüsternd zög' durch Wald und Strauch;:,:—Und ich selbst steh' wonnetrunken—Von der Herrlichkeit und Pracht,—:,:Wie im Schlummer tief versunken— Träumend süss :,: in stiller Nacht.

67. Der verschmähte Freier.

A. SCHWALM.

(Schwedisches Volkslied.)

1. Ja, Du denkst nun wohl, gar aus ist's mit mir,—Weil Du mich nimmer magst?—Ho! Ho! Ich weiss mir ein' Andere schon, — Was scheert's mich, was Du nach mir fragst?—So wahr vom Himmel der Regen fällt!—Du hast mir soll'n die Liebste sein in weiter, weiter Welt,—Das macht das Herz mir wund.—Oho! Du Stolze, Du Feine, fahr' dahin.—Ich singe tra-la la-la-la-la-la!

2. Denn ich weiss ein paar hellblau' Aeugelein,—Die heilen all' mein Weh!—Deine schwarzen Augen, so falsch wie die Nacht,—In die schau' ich nimmermeh'.—Ich bin ein junges, ein lustiges Blut,—Ei, fahre Du zum Kukuck doch, Du falsche Schlangenbrut,—Trübest mir nicht meinen Muth.—Heisa, mein Schätzel, komm' tanze mit mir!—Ich singe tra-la-la-la-la-la-la!

3. Nun, hab' ich 'nen Schatz, aber ach! er hat auch mich,—Wisst Ihr, wie zu viele Liebe thut?—Schleich' ich 'mal verstohlen in's Wirthshaus mich,—Gleich wartet mein die wahrste Höllengluth.—Ach, lieber Got im Himmel! Hab' Acht!—Du hast, als Du die Weiber schufst, den grössten Bock gemacht!—Hätt' ich sie nimmer geseh'n! o, weh!—Die Eine entfloh, und die And're will nicht fort!—Ich singe nicht mehr tra-la-la-la!

68. Wie die wilde Ros' im Wald.

FRANZ MAIR.

1. Wie die wilde Ros' im Wald — Blühe Mägdlein, Mägdlein blühe!—Ach die Sorgen kommen bald—Und der Kummer frühe!—Blüh'! noch :,:weht der Morgenwind:,:—:,:Blühe, blühe, glücklich Kind,:,:

2. Blüh' in grüner Einsamkeit—Ahnt es nicht, ahnt's nicht die Rose—Wie sie leuchtet weit und breit—Aus dem zarten Moose,—Blüh' es welken so geschwind,—:,:Blühe, blühe, liebes Kind.:,:

35

69. Ave Maria.

VICTOR E. NESSLER, op. 103, No. 2.

(Ernst.)

1. Leis' sinkt der Dämm'rung Schleier—Auf Wiese, Feld und Wald.—Ein Glockenton erschallt.—Und ruft zur Abendfeier,—Ave Maria! —Du reine Jungfrau sei gegrüsst,—Die uns der Liebe Leitstern ist—Und uns des Himmels Glück erschliesst, —:,: Ave Maria! :,:

2. Der Liebe Stern im Abend—Erglimmt in mildem Schein.—Des müden Menschen Pein—Mit Ruhverheissung labend. — Ave Maria! — Du Stern der Liebe hast erquickt—Das arme Herz, das Kummer drückt, — Weil's um sich her nur Nacht erblickt. — :,: Ave Maria!:,:

3. Das Licht ist jetzt geschieden,—Der Nachtgesang erklingt,—Und süsser Schlummer bringt—Dem Müden Ruh' und Frieden.—Ave Maria!—Maria! Born des Friedens du.—Führ' gnädig uns dem Himmel zu, —Zur Ruh', zur Ruh', zur ew'gen Ruh'. —:,: Ave Maria! :,:

70. In blauer Nacht.

FRANZ ABT.

(E. Geibel.)

1. In blauer Nacht bei Vollmondschein — Was singt und rauscht so süsse?—:,: Drei Nixen sitzen am Mövenstein—Und baden die weissen Füsse. :,:

2. Es hat der blonde Fischerknab'—Gehört das Singen und Rauschen, — Ihm wallt das Blut, er schleicht hinab—Die Feeen zu belauschen.

3. Da sausen vor ihm im Mondenlicht — Empor drei wilde Schwäne.—Die Springfluth spritzt ihm in's Gesicht,—:,: Verklungen sind die Töne. :,:

71. Zieh' hinaus.

A. DREGERT, op. 98, No. 2.

(O. Hausmann.)

1. Zieh' hinaus bei'm Morgengrau'n — Will das Dorf verlassen, — Schlummermüde Sterne schau'n—Nieder auf die Gassen,—Trag' mein Bündel wanderleer — Doch mich drückt's wie Eisen;—:,:Wenn das Herze thränenschwer,—Ist so schwer das Reisen.:,:

2. Sink' vor'm Kreuz hin, das im Feld—An den Baum sich lehnet;—Weiss kein Herz auf dieser Welt,— Das sich nach mir sehnet!—Bet' und bete ohne Sinn; Kann's ja nimmer fassen,—:,:Wie ich unglückselig bin,—Seit Du mich verlassen.:,:

3. Schliesst dereinst mein Auge sich.—Ruh'n die müden Hände,—Will ich noch vom Himmel dich— Segnen ohne Ende.—Brauchst nicht Thränen mir zu weih'n—Kann vergessen werden!—:,:Mögest du nur glücklich sein—Immer hier auf Erden!:,:

72. Ständchen.

E. KÖLLNER, op. 201, 11.

(Fr. Oeser.)

1. Wie die Blüthen träumen im Frühlingshauch—Träume du Holde, träume du auch. — Dunkel ist die laue Nacht,—Doch heller meine Liebe lacht,—Heller als alle Sterne dir:—:,:Träume du Holde, träume süss von mir.:,:

2. Wie der Mond jetzt flimmert durch Wolken mild.—Lächle dich an der Liebsten Bild.—Erd' und Himmel schwimmen sacht. —Wie Traum und Leben Wunderpracht,—Eins auch mein Herz sind ewig wir: —:,:Träume du etc.:.:

3. Wie der Flieder rauscht an der Gartenwand,— Rauschen die Engel durch's stille Land.—Schlumm're sanft, sie halten Wacht—Schlumm're sanft die ganze Nacht,—Bis das Frühroth lacht in die Augen dir:— :,:Träume du etc.:,:

73. Es haben zwei Blümlein.

H. Schrader, op. 4.

1. Es haben zwei Blümlein geblühet—
In einem stillen Thal:—:,· Sie sind über
Nacht verwelket,—Kein Auge sah sie
einmal.—:,:

2. Es kamen zwei Sterne gezogen—Am Himmel
daher so licht;—:,: Es hat sie nirgend gegrüsset.—Ein
betend' Angesicht.:,:

3. Es haben sich zwei geliebet,—So innig ver-
schwiegen und stumm;—:,: Sie sind in Thränen ge-
storben,—Und Niemand fragte warum.:,:

74. Trinklied.

Schutz-Weida, op. 157.

Mädchen, vor einem Wort hüte dich sehr,—:,: Dass
ich nicht trinken soll, sage nicht mehr.:,:— Blicke
rings um dich in der Natur,—Funkelnde Sonnenpracht
:,: bietet die Flur.:,:— Brunnen und Quellen trinkt
durstig die Au'—:,: Und in dem Blumenkelch blinket
der Thau.:,:—:,· Trinken die Lüfte nicht würzigen
Duft,—Schau und der Falter trinkt wieder die Luft.:,:
—:,: Fliegen die Bienen doch durstig in's Feld:,:—
:,: Und um die Sonne schwebt trunken die Welt.:,:—
:,: Ja selbst die Sonne trinkt kühlende Fluth,—Wenn
sie im Meeresgrund rastet und ruht.:,:—Drum Mäd-
chen, drum sag' mir nicht: „Trinke nicht mehr."—
Trinkt doch die ganze Welt rings um mich her.—
Reiche den Becher mir, schenke mir ein,—Bin ja auf
Erden sonst :,: nüchtern allein.:,:

75. Der Barde.

Fr. Silcher.

(Nach Th. Moore von H. Kurz)

1. Stumm schläft der Sänger,
dessen Ohr—Gelauschet hat an der
Welten Thor.—Ein naher Waldstrom brauste sein Gesang—Und säuselt auch, wie ferner Quellenklang.

2. Du schlummerst stille, schlummerst leicht,—
Wann über dich der Sturm und Zephyr streicht,—Der
Sturm, der dir den Schlachtgesang durchdröhnt,—
Der Hauch, der sanft im Lied der Liebe tönt.

76. Hinaus in die Ferne.

A. Methfessel.

1. Hinaus in die Ferne mit lautem Hörnerklang!—Die Stimmen erhebet zum männlichen Gesang!—Der Freiheit Hauch weht kräftig durch die Welt!—Ein freies, frohes Leben uns wohl gefällt.

2. Wir halten zusammen, wie treue Brüder thun,—Wenn Tod uns umtobet und wenn die Waffen ruh'n;—Uns alle treibt ein reiner freier Sinn,—Nach einem Ziele streben wir Alle hin.

3. Wer wollte wohl zittern vor Tod und vor Gefahr?—Vor Feigheit und Schande erbleichet uns're Schaar!—Und wer den Tod im heil'gen Kampfe fand,—Ruht auch in fremder Erde im Vaterland.

77a) O Isis.

Mozart.
(Schikaneder.)

O Isis und Osiris! Welche Wonne!—Die düst're Nacht verscheucht den Glanz der Sonne:—Bald fühlt der edle Jüngling neues Leben,—Bald ist er unserem Bunde ganz ergeben.—:.:Sein Geist ist kühn, sein Herz ist rein,—:,:Bald wird er unser würdig sein.:,:

b) Weihe des Gesanges.
Dieselbe Melodie.
(Denzel.)

O Schutzgeist alles Schönen, steig' hernieder! In sanftem Weh'n, zu weihen uns're Lieder,—Dass sie sich freudig auf zum Himmel schwingen,—In heil'ger Kraft von Herz zu Herzen dringen.—:,: Von deinem Hauch die Brust durchbebt—Hoch über Wald und Zeit uns hebt.:,:

2. Vereine alle Menschen und versöhne,—Was sich getrennt, im Wohllaut deiner Töne!—Dem Edlen ist das Schönste nur beschieden,—In der Gefühle rein erklung'nem Frieden.—:,:Von wilder Lust der Erde rein—Rein muss das Herz des Sängers sein.:,:

78. Thüringer Volkslied.

Volksweise.

1. Ach, wie ist's möglich dann,—Dass ich dich lassen kann.—Hab' dich von Herzen lieb—Das glaube mir!—Du hast die Seele mein, so ganz genommen ein,—Dass ich kein' Andre lieb'—Als dich allein.

2. Blau blüht ein Blümelein,—Das heisst Vergissnichtmein,—Dies Blümlein leg' an's Herz—Und denk' an mich!—Stirbt Blum' und Hoffnung gleich—Sind wir an Liebe reich,—Denn die stirbt nie bei mir,—Das glaube mir!

3. Wär' ich ein Vögelein,—Wollt' ich bald bei dir sein.—Scheut' Falk' und Habicht nicht,—Flög schnell zu Dir!—Schöss' mich ein Jäger todt,—Fiel ich in deinen Schooss,—Säh'st du mich traurig an,—Gern stürb' ich dann.

79. Der Lindenbaum.

FRANZ SCHUBERT.

(W. Müller.)

1. Am Brunnen vor dem Thore, da steht ein Lindenbaum,—Ich träumt' in seinem Schatten—So manchen süssen Traum;—Ich schnitt in seine Rinde — So manches liebe Wort;—Es zog in Freud' und Leide—:,:Zu ihm mich immer fort. :,:

2. Ich musst' auch heute wandern-Vorbei in tiefer Nacht,—Da hab' ich noch im Dunkel,—Die Augen zugemacht;—Und seine Zweige rauschten,—Als riefen sie mir zu:—Komm her zu mir Geselle,—:,:Hier find'st du deine Ruh.:,:

3. Die kalten Winde bliesen—Mir grad' in's Angesicht,—Der Hut flog mir vom Kopfe,—Ich wendete mich nicht.—Nun bin ich manche Stunde—Entfernt von jenem Ort,—Und immer hör' ich's rauschen:—:,:Du findest Ruhe dort. :,:

80. Die Königskinder.

Altdeutsches Volkslied.

Arrangirt von FERD. SIEGERT.

(Aus des Knaben Wunderhorn.)

1. Es waren zwei Königskinder,— Die hatten einander so l eb—Sie konnten zusammen nicht kommen,— :,:Das Wasser war viel zu tief.:,:

2. O Liebster kannst du nicht schwimmen?—So schwimme doch her zu mir.—Drei Kerzen will ich dir anzünden— :,:Die sollen leuchten Dir. :,:

3. Da sass eine falsche Nonne,—Die that als wenn sie schlief, — Sie thät die Kerzen ausblasen,— :,:Der Jüngling ertrank so tief.:,:

4. Ein Fischer wohl fischte lange,—Bis er den Todten fand!—Nun sieh' da, du liebliche Jungfrau,— :.:Hast hier deinen Königssohn.:,:

5. Sie nahm ihn in ihre Arme—Und küsst' ihm den bleichen Mund!—Es musst ihr das Herzlein brechen,— :,:Sie sank in den Tod zur Stund. :,:

81. Trennung.

Volksweise vierst. v. J. RIETZ.

(Friedr. Wagner.)

1. :,:Muss i denn zum Städtele 'naus :,:—Und du, mein Schatz, bleibst hier!— :,:Wenn i komm, wenn i wiederum komm':,:—Kehr i ein, mein Schatz bei dir,—Kann i gleich nit allweil bei dir sein,—Han i doch mei' Freud' an dir!— :,:Wenn i komm etc.:,:

2. :,:Wie du weinst, dass i wandere muss,:,:—Wie wenn d' Lieb' jetzt wär' vorbei, — :,:Sind au drauss der Mädele viel,:,:—Lieber Schatz, i bleib' dir treu.— Denk du nit, wenn i en And're seh,—So sei mei' Lieb vorbei!— :,:Sind au drauss etc. :,:

3. :,:Ueber's Jahr, wenn me Träubele schneid't,:,: —Stell i hier mi wied'rum ein,— :,:Bin i dann dein lieb' Schätzele noch :,: — Ja so soll die Hochzeit sein. —Ueber's Jahr, da ist mei Zeit vorbei,—Da g'hör' i mein und dein!— :,:Bin i dann etc.:,:

82. Trennung.

Volksweise.

(Volkslied.)

1. Was hab' ich denn meinem Feinliebchen gethan?—Es geht an mir vorüber und schaut mich nicht an;—Es schlägt seine Aeugelein wohl unter sich,— :,: Es hat einen Anderen viel lieber, als mich.:,:

2. Das macht ihr stolzer hochmüthiger Sinn,— Dass ich ihr nicht schön und nicht reich genug bin;— Und bin auch nicht schön und reich, so bin ich doch so jung, so jung!—:,: Herz allerliebstes Schätzele, was kümm'r ich mich denn drum? :,:

3. Die stillen, stillen Wasser, sie haben keinen Grund;—Lass ab von der Liebe, sie ist dir nicht gesund;—Die hohen, hohen Berge, das tiefe, tiefe Thal— :,: Jetzt sehe ich mein Schätzele zum allerletzten Mal.:,:

83. Abschied vom Walde.

F. G. KLAUER.

(C. Cassel.)

1. Lebe wohl, jetzt muss ich scheiden,—Lebe wohl du schöner Wald,—Deiner Anmuth stille Freuden,—Ach sie schwanden mir so bald.—:,: Denn der Sonne Abendgrus—Sagt mir, dass ich scheiden muss.:,:

2. Lebe wohl, mit Busch und Strauche,—Mit der Vögel Melodien.—Mit der Blumen süssem Hauche,— Mit der Zweige frischem Grün—:,: Denn die Abendglocke schallt,—Lebe wohl du trauter Wald.:,:

3. Lebet wohl ihr stillen Räume,—Lebet wohl ihr Bergeshöh'n,—In dem Schatten grüner Bäume,— Ach, da ruht es sich so schön,—:,: Doch der Vögel Chor verhallt,—Lebe wohl, du grüner Wald.:,:

84a) Abendlied.

Fr. Kuhlau.

(Goethe.)

Ueber allen Gipfeln ist Ruh'—In allen Wipfeln spürest du—Kaum einen Hauch—Die Vögelein schweigen im Walde.—:,:Warte nur balde—Ruhest du auch.:,:

b) Nach Goethe von Joh. Falk.

1. Unter allen Wipfeln ist Ruh';—In allen Zweigen hörest du keinen Laut!—Die Vöglein schlafen im Walde,—:,:Warte nur, balde—Schläfst auch du!:,:

2. Unter allen Monden ist Plag';—Und alle Jahr und alle Tag—Jammerlaut!—Das Laub verwelkt in dem Walde,—:,:Warte nur, balde—Welkst auch du!:,:

3. Unter allen Sternen ist Ruh';—In allen Himmeln hörest du Harfenlaut!—Die Englein spielen, das schallte,—:.:Warte nur, balde—Spielest auch du!:,:

85. Frühlingslied.

C. Attenhofer, op. 14, No. 12.

(G. Th.)

1. Froh wand're ich durch Feld und Flur, — In Gottes schöne Welt, — Lausch' dort am Busen der Natur,—Wie sie sich neu erstellt.—Seh' wie es keimt und wie es drängt—An jedem Ast und Zweig;—:,:Willkommen holder Frühling mir,—So schön, so wonnereich.:,:

2. Horch wie ertönt im Busch und Hain—Der munt're Finkenschlag;—Und lustig klingen die Schalmei'n,—Verscheuchen Weh und Ach!—Dann senkt sich Frieden in die Brust—Und stimmt die Seele weich,—:,:Willkommen etc.:,:

3. Im zartgewob'nen grünen Kleid—Beleben sich die Höh'n;—Die Wiesengründe reich bestreut—Im Blumenflor ersteh'n,—Nichts kommt an Anmuth und Schönheit dann—Dem lieben Lenze gleich,—:,:Willkommen etc.·,:

86. Am Ammersee.

Ferd. Langer.
(E. Ziel.)

1. Es steht eine Weide am Ammersee,—Die taucht ihr Gezweig in die Fluthen.—Ade, goldhaariger Schatz, ade!—Nun gilt's für den König zu bluten!—Traut war es, zu kosen Boot an Boot.—Wenn die Wasser rauschten am Ammersee:—Und über ein Jahr, :,:wer weiss, bin ich todt.:,:—:,:Ade nun mein Schatz ade!:,:

2. Sie fuhren noch einmal den See entlang,—Wohl unter die flüsternde Weide.—Die Herzen so weh, die Herzen so bang,—Sie kosten in Lust und im Leide.—Ab stiess er den Nachen, er schwenkte den Hut,—Da rauschen die Wasser im Ammersee.—Dem König gehorcht :,:ein Soldatenblut!:,: — :,: Ade nun, mein Schatz, ade!:,:

3. Und über ein Jahr, ein Reitersgrab—Steht einsam auf fremder Haide;—Es neiget die Zweige darüber hinab.—Eine wilde verwachsene Weide.—Sie seufzt in die Lüfte, die tragen es fort,—Und die Wasser rauschen im Ammersee.—Dein Liebster der schlummert :,:am Haideort!:,: —:,:Ade nun, mein Schatz, ade!:,:

87. Vom Berg ergeht ein Rufen.

Gustav Baldamus, op. 18, No. 2.
(O. Roquette.)

1. Vom Berg ergeht ein Rufen—Und Antwort erschallt im Thal,—:,:Da springen von grünen Stufen—Die Quellen allzumal.:,:—Und eines ruft dem Andern,—Es klinget fern und nah: —:,:Die rechte Zeit zum Wandern,—Die Frühlingszeit ist da,:,:

2. O du holdselig Weben—In Wald und Thal und Höh'n!—:,:Nun athmet Alles Leben—Und findet's gut und schön.:,:—Nun mit der Lerche steige.—Mein Wandersang empor—:,:Und schmücke dich und zeige —So frisch dich wie zuvor.:,:

3. Durch all' die Frühlingswellen,—Durch all' die schöne Zeit—:,:Nun wandern, wie die Quellen,—Will ich mit Freudigkeit.:,:—Wie jene rieselnd schweifen —Durch Schlucht und Halden viel.—:,:Verirren sich und streifen,—Sie kommen doch an's Ziel.:,:

88. Singen und Wandern.

CARL ISENMANN, op. III, No. 3.
(Jul. Hammer.)

1. Nun ist die schöne Frühlingszeit,—Nun geht es an ein Wandern,—:,: Bald ist's allein, bald ist's zu zwei'n,—Bald trifft es sich mit Andern!:,:—:,: Wie junges Grün und Sonnenschein,—So muss bei dem Lenze das *Wandern* sein,—Das frische frohe *Wandern* sein.:,:

2. Dreifache Lust ist Liederlust,—Kann sie in's Weite schallen—Im grünen Hain die Vöglein klein,— :,: Die treiben's nach Gefallen.:,:— :,: Wie junges Grün und Sonnenschein,—So muss bei dem Lenze das *Singen* sein.—Das frische, frohe *Singen* sein.:,:

3. Wer singen und wer wandern kann,—Thu's lieber heut' als morgen!—:,: Es scheucht Gesang und Wandergang—Das eigennütz'ge Sorgen,:,: —:,: Wie junges Grün und Sonnenschein,—So muss bei dem Lenze die *Freude* sein,—Die frische, die frohe, die *Freude* sein. :,:

89. Frühling im Wald.

WILH. STURM, op. 85, No. 2.
(F. B. D.)

1. Am frühen Tag zur Frühlingszeit, —Da gehe durch den Wald;—Geniesse heil'ge Einsamkeit,—Lass fahren jedes herbe Leid—:,: Im frischen grünen Wald:,:—Dann wirst du wieder froh und jung,—Das Herz wird dir so weit,—Du schreitest durch die Dämmerung— :,: In Träumen der Erinnerung,:,:—:,: Im Wald, im grünen Wald.:,:

2. Und horche, was den Strauch bewegt—Und was die Eiche spricht,—Was froh im Haag die Drossel schlägt,—Was unterm grünen Busch sich regt—:,: Im schatt'gen Dämmerlicht,:,:—:,: Im Wald, im frischen grünen Wald.:,:— Dann kehrst du in dein Haus zurück,—Nach kurzem, kurzem Aufenthalt,—Da bringst du Frieden, Ruh' und Glück—:,: Mit dir in's traute Heim zurück. :,:—:,: Vom Wald, vom frischen grünen Wald. :,:

90. Lenzfrage.

J. B. Zerlett, op. 116, 11.

1. Sei willkommen liebe Sonne—
Mild und warm—Kommt der Lenz mit
seiner Wonne—Nach so langem Win-
terharm? — :,: Bringt er mir ein froh'
Geschick?:,:—Rosenmund, thu' mir's kund,—Deute
mir's:,: mit süssem Blick. :,:

2. Kommt der Lenz mit jungem Leben?—Weiss
es nicht!—Wird er mir auch Freude geben—Wenn
die Liebe Kränze flicht?—:,: Grüsst mich wohl ein
zärtlich Du?:,: Rosenmund, thu' mir's kund,—Flüst're
mir's:,: dort lächelnd zu. :,:

3. Kommt der Lenz mit seinen Liedern—Süsser
Lust?—Wird ein Herz die Lieb' erwidern,—Die mir
glühet in der Brust?—:,: O, dass ich noch fragen
muss!:,:—Rosenmund, thu' mir's kund.—Sage mir's
:,: mit einem Kuss. :,:

91. Grüsse an die Heimath.

E. Kromer.

1. Nach der Heimath möcht'
ich wieder—Nach dem theuren
Vaterort!—Wo man singt die
frohen Lieder,—Wo man spricht
ein trautes Wort.

2. Deine Thäler, deine Höhen,—Deiner heil'gen
Wälder Grün,—O die möcht ich wieder sehen—Dorthin, dorthin möcht ich zieh'n.

3. Doch mein Schicksal will es nimmer,—Durch
die Welt ich wandern muss,—Trautes Heim dein denk'
ich immer,—Trautes Heim dir gilt mein Gruss.

4. Theure Heimath:,: sei gegrüsst:,:—In der Ferne
sei gegrüsst—Sei gegrüsst in weiter Ferne—Theure
Heimath sei gegrüsst.

92. Wanderlust.

L. Liebe, op. 150. No. 2.

(Carl Preser.)

1. Wer niemals in die Ferne ging
—Bei junger Frühlingsgluth,—Und
nicht am blauen Himmel hing—Mit
einem Lied voll Lust und Muth:—Der weiss nicht, was
das Wandern heisst—Durch Gottes schöne Welt,—
:‚: Der weiss nicht, was den Menschengeist—Am
Weltenrund gefesselt hält. :‚:

2. Wer nie den Zauberbann genoss—An wildem
Klippenhang,—Wem nie der Reiz zu Herzen floss—
Bei frührothsduft'gem Waldesgang:—Der kennt der
Wonnen Wonne nicht,—Die Berg und Thal um-
schliesst,—:‚: Wo Strahl um Strahl vom Himmel
bricht—Und in den Duft der Erde fliesst. :‚:

3. Hoch an der Alpen weisser Brust,—Wie tief
im Waldesthal,—Ist Wandern eine Götterlust,—Und
Waldesrauschen Weltchoral; —Und selbst der Kata-
rakten Ton—Und der Lawine Fall: :‚: Sie preisen an
des Ew'gen Thron—Die Wanderlust mit Donner-
schall :‚:

93. Das Mutterherz.

W. Handwerg, op. 25.

(C. Stein.)

1. Am Ort, wo meine Wiege
stand,—Hab' ich ein Heiligthum,—
Das geb' ich nicht für Kron' und
Land,—Für Ehr' und eitlen Ruhm.—Dort bin ich aller
Sorgen frei;—Dort ruht es sich so süss:—:‚: Du liebes
treues Mutterherz,—Du bist mein Paradies. :‚:

2. Am Ort, wo meine Wiege stand,—Erblüht'
mein erstes Glück,—D'rum zieht es mich aus fernem
Land—Nach diesem Ort zurück.—Ob ich auch heut'
bei dir nicht bin,—Ob ich dich auch verliess:—:‚: Du
liebes treues etc. :‚:

3. Am Ort, wo meine Wiege stand,—Möcht' ich
begraben sein,—Ihm möcht' ich noch den letzten
Blick,—Die letzte Thräne weih'n.—Dann ruht' ich
dort, wo einst ein Herz—Mit Wehmuth mich entliess.
—:‚: Du liebes treues etc. :‚:

94. Marschlied fahrender Schüler.

C. Attenhofer, op. 21 No. 9.

(Jul. Wolf.)

1. Durch die Welt mit Sang und Klang—Ziehen wir in Schaaren,—Kreuz und quer auf guten Fang, — Fahrende Scholaren;— Wittern das Vergrab'ne gleich—Wie der Fuchs die Meute—Sind im ganzen Römishen Reich—Bestbeschrieb'ne Leute.

2. Weh? Für uns im Rauche hängt—Nichts zu hoch beim Bauern;—Da wo sich ein Marder zwängt—Durch Staket und Mauern,—Bohren wir uns auch durch's Fach—Tags und Nachts um Zwölfe,—Wie der Blitz durch's Scheunendach,—Hungrig wie die Wölfe,

3. Zahn und Klinge sind gewetzt—Ausgepicht die Kehlen,—Wo wir uns mal festgesetzt,—Fängt's bald an zu fehlen: — Erst das Huhn und dann das Ei, —Oder umgekehret,—Uns ist alles einerlei,—Wie's der Herr bescheeret.

4. Die in Seide, die in Flachs,—Hold sind uns die Dirnen, — Uns're Herzen sind von Wachs, — Ehern uns're Stirnen.—Statt, dass wir am Rosenkranz— Pa'ernoster plappern,—Springen wir in wildem Tanz —Und die Würfel klappern.

5. Fürchten Tod und Teufel nit,—Wissen sie zu bannen,—Unser kecker Schritt und Tritt—Führt zu Krug und Kannen.—Wir sind geistlich fromme Kind, —Arme, tumbe Knaben.—Wenn wir erst mal Bischoff sind, — Woll'n wir's besser haben.— :,: Rillus, Rallus, Prillus, Prallus!—Hier herein und da hinaus,—Schlagt dem Fass den Boden aus! :,:

95. Der stille See.

A. Dregert, op 143. (P. Pasig.)

1. In meines Herzens Grunde,— Da liegt ein stiller See;—Nur selten leise Kunde—:,: Steigt flüsternd in die Höh'. :,:

2. In seiner dunklen Tiefe—Mein Wohl und Wehe ruht;—Ach dass auf ewig schliefe—:,: Die traumbefang'ne Fluth. :,:

3. Doch küsst beim Klang der Lieder—Der Lenz den stillen See,—Dann hallt es klagend wieder— :,: Von Lieb' und Liebesweh'! :,:

43

96. Minnelied

W. BÜNTE.

(Carl Siebel.)

1. Mein Herz ist voll Lieder,
die Seele voll Klang!—Wohin ich
nur wand're,—Lacht Wonne und
Klang.—In Wäldern und Auen ist nur Melodei—
:,:Mein Schatz ist ein Spielmann tandaradei.:,:

2. Die Vögelein alle im grünen Gezweig,—Sie
schau'n mich und öffnen das Schnäblein sogleich,—
Sie grüssen und singen von Liebe und Mai.—:,:Mein
Schatz etc.:,:

3. Doch käme mein Schatz 'mal mit mir in den
Wald,—Die Vögelein alle wohl schwiegen sie bald—
Sie lauschten auf seine tief' Herzenmelodei.—:,:Mein
Schatz etc.:,:

97. So weit.

E. S. ENGELSBERG.

(J. Rodenberg.)

1. Bächlein am Wiesenrand—Rinnst
du noch immer?—Blumen im Heimathland—Gebt ihr noch Schimmer?—:,:Hal-
me der Heimathkluft — Mögt Ihr noch rauschen?:,:
—Lerche der Heimathluft—Könnt' ich dir lauschen?—
:,:O duftige Jugendzeit, o wie so weit.:,:

2. Fliesst noch durch Blumen bunt,—Silberne
Kühle;—Rauscht noch im Lindengrund—Klappernde
Mühle?—:,:Fenster aus Laubgewind—Leuchtest noch
munter.:,:—Aber das schönste Kind—Schaut nicht
herunter.—:,:O Liebe der Jugendzeit, wie so weit.:,:

3. Glück vorbei, Duft verweht,—Liebe vergangen!
—Durch meine Seele geht—Leises Verlangen.—Dürft'
ich doch einmal nur,—Einmal dich schauen—:,:Hei-
mathwald, Heimathflur, — Liebste der Frauen!:,:
Liebste, Liebste! :,:Aber wie Ewigkeit—Bist du mir
weit.:,:

49

98. Abschied vom Liebchen.

G. KIESEWETTER, op. 81, No. 2.

(P. J. Immergrün.)

1. Schatz, o komm, geleit' mich zum Dorf hinaus,—Denn nun muss ich wandern weit von Haus.—:,:Sprich, o süsses Liebchen noch ein einzig Wort,:,:—Das versüsst die Schmerzen, die ich trug im Herzen mit mir fort.

2. Reich' mir beide Hände wie du oft gethan:— Was wir uns versprochen, werde nie gebrochen! Denke d'ran!—:,:Lass, o lass mich schauen in die Augen dein,:,:—Wo die Liebe winket, wo die Treue blinket gar so rein!

3. Denn ich frag' es wieder dieses Augenpaar,— Dass es einst erzähle, wie die theure Seele treu mir war.—·,:Und nun ziehe heimwärts still an deinen Platz!:,:—Walt' in Zucht und Ehre, bis ich wiederkehre, holder Schatz.

99. Die Liebe kann nicht enden.

L. LIEBE, op. 101, No. 3.

(F. X. Seidel.)

1. Nun zieh' ich einsam meinen Weg,— Du musstest von mir scheiden,—Den Blumen scheint die Sonn' am Steg,— Und scheint in's Herz uns Beiden.—Denn ob wir uns auch ferne sind,—Wir wissen doch, du süsses Kind:— :,:Mag Lenz und Loos sich wenden,—Liebe kann nicht enden. :,:

2. Wie blüht die Welt so schön und reich,—Seit du mein eigen worden,—Es kommt kein Glück dem andern gleich—Vom Süden bis zum Norden.—Der trägt wohl schwer, der Abschied nimmt.—Eins aber hält uns froh gestimmt.—:,:Mag Lenz etc. :,:

3. Und der's der kleinen Schwalbe sagt,—Es blüht daheim der Flieder,—Gab uns ein Ahnen unverzagt,—Wir haben bald uns wieder.—Ein süsses Erinnern schimmert d'rein,—So denk' ich dein, so denkst du mein:—:,:Mag Lenz etc. :,:

100. Hans Flottenbursch.

W. Sturm, op 85, No. 3

(G. Steiger.)

1. Hans Flottenbursch schleicht spät bei Nacht—
Hinweg vom frohen Schmause,—Die Götter, die den
Rausch erdacht—Und sonst auch Alles wohl gemacht,
—Die führen ihn nach Hause.—Doch wie vor seiner
Thür er steht,—Da 'merkt er, dass die Stadt sich
dreht.—:,:La, la, la, rundum.:,:

2. Er zielt mit scharfem Waidmannsblick—Auf's
Schlüsselloch der Pforte,—Doch schon im nächsten
Augenblick—War Haus und Hof und gutes Glück—
An einem andern Orte.—Das geht als wie der Wirbel-
wind,—Nur immer zu, geschwind, geschwind,—:,:La
la la rundum.;,:

3. Als nun im neunten Kreiselgang—Sein Heim
er wieder siehet,—Da tappt er nach dem Glocken-
strang—Und hält ihn fest und hält ihn lang,—Dass
nimmer er entfliehet.—Hans bringt die Stadt zum
Stillesteh'n—Und kann in's Loch den Schlüssel dreh'n.
.:,:Rundum, rundum, husch, husch.:,:

101. Abendlied.

G. Baldamus, op. 23, No. 3.

(F. Treugold.)

1. Schon breitet sein Flügel aus—
Der Abend über'm Wald.—Und alles
wandert müd' nach Haus—Und schläft
und schlummert bald.—Der Nebel schleicht durch
Schlucht und Thal,—Die Wipfel träumen müd,—
:,:Die Vöglein schlafen allzumal—Es rauscht nicht
Blatt noch Blüth'.:,:

2. Die Sterne Gottes sind erwacht;—In stiller
Ordnung zieh'n—Sie wieder durch die stille Nacht—
Am hohen Himmel hin.—Du lieber schöner Abend-
stern, — O grüss' mein Liebchen traut, — :,:Das
schönste Aug', das in der Fern'—Nun auch gen
Himmel schaut.:,:

102. Nachtlied der Krieger.

A. Wrede, op. 19.

:.·Tiefe Nacht ruht auf der Erde, —Tiefe Stille rings umher—Und im Felde von Beschwerde — Ruhend liegt das Kriegesheer. :,: Plötzlich schallt·,·der Ruf der Wachen:,: Hörbar wird der Ronden Tritt—·,:Und die Trommel wird geschlagen —Die Trompeten schmettern mit·,:—Rüstig bilden sich die Reihen—Jedes Herz schlägt Vaterland—Möge.Gott den Sieg uns verleihen—Aus seiner güt'-gen Vaterhand.—Und nun d'rauf ohne Zagen—In die Feinde frisch hinein—Unser Ruhm beginnt zu tagen —Und das Recht muss Sieger sein.—Tiefe Nacht ruht auf der Erde,—Tiefe Stille rings umher—Und im Felde von Beschwerde—Ruhend liegt das Kriegesheer

103. Der Wald.

C. Häser, op. 1, H. 1, No. 2.

1. O Wald, mit deinen duft'gen Zweigen,—Sei mir gegrüsst viel tausendmal!—Zu deinen Höhen will ich steigen—:,:Und grüssen dich viel tausendmal. :,:

2. In deinen Hallen will ich singen,—Von Lust und Freiheit, Lebensmuth,—Es soll vom Himmel wiederklingen:—:,:In heil'ger Lust und Andachtsgluth!:,:

3. In deinem Schatten will ich träumen,—Wie selig macht der Liebe Glück,—In deinen hoffnungsgrünen Räumen—:,:Giebt Liebe auch die Lieb' zurück. :,:

4. In deinem Tempel will ich loben—Den Gott in seiner Herrlichkeit!—Dein ist die Kraft, mein Gott da droben,—:,:Von nun an bis in Ewigkeit. :,:

(Vers 1 wird wiederholt.)

104. Es steht eine Lind'.

E. Forschner, op. 5.

1. Es steht eine Lind, in tiefem Thal,—Darunter hab' ich manchesmal—Mit meinem Lieb' gesessen.—Nun steht der Baum so dürr und kahl—Mein Schatz ist über Berg und Thal—:,:Und hat mich wohl vergessen.:,:

2. Und auf dem Berg da steht ein Haus,—Da ging mein Schatz wohl ein und aus—Und sah in's Thal hernieder.—Jetzt tobet dort der Stürme Graus,—Mein Schatz der ist in's Land hinaus—:,:Und kehrt wohl nimmer wieder.:,:

3. Und ob dem Haus, da steht ein Stern,—Der sieht mein' Schatz wohl in die Fern—Hinwandernd durch die Gassen.—Ich hatte meinen Schatz so gern, —Geklaget sei es Gott dem Herrn—:,:Dass er mich hat verlassen.:,:

105. Elslein von Caub.

G. Baldamus, op. 13, No. 1.

1. Es liegt ein Städtlein an dem Rhein,—Ist keines sonst ihm gleich, —Da drinnen wohnt die Liebste mein,—:,:Die Schönst' im ganzen Reich.:,:—:,:Elslein, ach Elslein, du Rose im Laub, —Dich lieb' ich ewig, mein Elslein von Caub.:;:

2. Was nützet Reichthum und Gesind,—Was aller Ahnen Zahl,—Ist kalt das Herz, für Liebe blind —:,:Ade dann Welt zumal.:,:—.,:Elslein, ach Elslein, dem Treuschwure glaub',—Du bist mir alles, mein Elslein von Caub.:,:

3. Lass fahren allen Erdentand—Bleibt dir die Lieb' allein,—Sie führet an der treuen Hand—:,:Zur Seligkeit dich ein:,:—:,:Elslein, ach Elslein, bis einst ich bin Staub,—Bin ich dein Eigen mein Elslein von Caub.:,:

106. Am Morgen.

E. KOELLNER, op. 198, No. 2.
(Müller von der Werra.)

1. Habe gestern Nachts im Dunkeln—In die Augen dir geschaut,—Sah zwei Sterne drinnen funkeln—Denen ich mein Glück vertraut!—Um mich her ein leises Wehen,—Als ob es im Lenze früht—Und ich musst' mir still gestehen,—Dass mir eine Rose blüht.

2. Und ich habe dann geträumet—Wunderlieblich dies und das—Wie der Liebe Becher schäumet,—Wie so klinget Glas an Glas!—Und ich fühlte, dass es lenzet,—Wieder neu mir im Gemüth,—Sah beim Wein, der mir kredenzet,—Dass mir eine Rose blüht.

3. Und es treibt in meinem Innern—Etwas mir die Brust so weit,—Welch' ein liebliches Erinnern—Bringt mir diese Seligkeit!—Ueber Nacht ist mir's gekommen,—Dass es Lieder in mir sprüht,—Denn ich hab' es still vernommen,—Dass mir eine Rose blüht.

107. Der Auswanderer.

FELIX JAEGER, op. 42, No. 2.

1. Sage uns Freund doch :,:Wo weilt dein Sinn?:,:—Zieht's in die Ferne noch weiter dich hin?—Wo zieht's dich hin?—Denkst du an's Liebchen·zurück in Sehnsuchtsschmerz?—Sag' uns, o Freund, was quält und bedrückt dir dein Herz?—Nicht Liebesleid, noch Wanderlust—Füllet so die Brust.—Du schönes Land, das uns gebar,—Heimath, dein denk' ich doch immerdar!

2. Fand'st du die Heimath nicht auch hier?—Findst du sie nicht hier?—Es blüh'n der Freuden gar viele dir hier,—Freude blüht hier.—Bleibt nicht die Sorge dir fern, bist du nicht frei?—Sehnst dich zurück nach Noth und Sklaverei?—Wohl sind wir frei, frei auch von Noth,—Finde hier Freuden und tägliches Brod.—Doch wo uns gelacht einst Jugendglück,—Bleibt stets ein Stück vom Herzen zurück!

108. Der Entfernten.

Franz Schubert.

1. Wohl denk' ich allenthalben,—O du Entfernte, dein,—Früh wenn die Wolken fallen—Und spät im Sternenschein.—Im Grund des Morgengoldes — Im rothen Abendlicht—Umschwebst du mich, o holdes,—Geliebtes Traumgesicht.

2. Es folgt in alle Weite—Dein trautes Bild mir nach,—Es wallt mir stets zur Seite—In Träumen oder wach.—Wenn Lüfte sanft bestreifen,—Der See beschilften Strand—Umflüstern mich die Streifen—Von deinem Busenband.

109. Ständchen.

Franz Abt.

1. Die Wipfel säuseln Abendruh',—Die Sonne sinkt dem Meere zu, — Es schweigen die Vöglein all' — Und nur :,·die Nachtigall:,:—:,:Klaget im Hain.:,:—Schliess' süsses Lieb', die Aeuglein zu—:,:Und schlumm're ein (schlaf' ein) in süsser Ruh'!:,:

2. Die Sterne blinken am Himmelsraum,—Um's Lager weht manch' schöner Traum,—Die Blümlein, sie duften nicht,—Dich küsst :,:des Mondes Licht:,: —:,:Mit hellem Schein.:,:—Schliess' süsses Lieb' etc.

110. Wenn alle Brünnlein fliessen.

G. Baldamus, op 31, No. 1.

(A. A. Naaf.)

1. Wenn alle Brünnlein fliessen—Vom Berg herab in's Thal,—Thu' ich mein Schätzlein grüssen—:,:Viel tausendmal.:,:—Wenn alle Sternlein funkeln—In stiller, stiller Nacht—:,:Thu' ich mein Schätzlein küssen,—Dass ihm das Herzchen lacht.:,:

2. Wenn alle Blümlein spriessen—In Wald und Flur und Feld:—Dann wollen froh wir wandern—:,:Wohl durch die ganze Welt,:,:—Und wo das Glück wir finden,—Mag's tausend Meilen sein—Sei's himmelhoch, sei's erdentief—:,:Das Glück sei mein und pein.:,:

111. Röslein, wann blühst du auf?

A. DREGERT, op. 120, No. 2.

(Jul. Wolff.)

1. Es wuchs an einem Rosenbaum—
Ein Knösplein auf im Garten—Und wer
es sah, der konnte kaum—Der Rose Blüh'n erwarten,
—Goldkäfer kam geflogen,—Schwirrt rund herum im
Bogen:—:,:Röslein, wann blüh'st du auf?:,:

2. Früh morgens blinkte heller Thau — Am
Knöspelein, dem jungen, — Frau Nachtigall hielt
Rosenschau, — Was nächtens aufgesprungen. — Sie
sass in grünen Zweigen,—Sang zaubersüsse Reigen:
—:,:Röslein, wann blüh'st du auf.:,:

3. Kam auch ein blondes Mägdelein,—Sah nach
dem Rosenkinde, — Ob sie 's im warmen Sonnenschein — Noch nicht erschlossen finde. — Mit ihren
rothen Lippen—Thät sie daran auch nippen:—:,:Rös-
lein, wann blüh'st auf?:,:

4. Den nächsten Tag, mit treuem Sinn—Brach 's
ab ein Edelknabe—Und trug 's dem lieben Mädchen
hin—Als frische Morgengabe.—Röslein und der 's genommen,—War'n beide da willkommen.—:,:Röslein,
wie blüh'st du auf!:,:

112. Das Mädchen und der Schmetterling.

TH. PODBERTSKY, op. 76, No. 3.

(A E. Wegener.)

1. Lustwandelnd schritt ein Mäd-
chen—In kühlem Waldesgrund—:,:Und als sie sich dort
bückte:,:— :,:Zum Strauss sich Blumen pflückte,:,:
—:,:Da kam ein bunter Falter—Und küsst' sie auf den
Mund.:,:

2. ,,Verzeih' mir,'' sprach der Falter,—,,Verzeih'
mir mein Vergeh'n! — Ich wollte Honig nippen —
Und hatte deine Lippen,—:,:Dein rothes Mündchen
—Für Rosen angeseh'n.'':,:

3. Da sprach zu ihm das Mädchen:—,,Für dies-
mal kleines Ding,—:,:Will ich dir gern vergeben..:—
.,:Doch merke dir daneben,:,:—:,:Nicht blühen diese
Rosen—Für jeden Schmetterling.'':,:

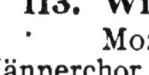

113. Wiegenlied.

MOZART.

Für Männerchor von A. CLAASSEN.

1. Schlafe mein Prinzchen, es ruh'n—
Schäfchen und Vögelchen nun;—Garten
und Wiese verstummt,—Auch nicht ein
Bienchen mehr summt.—Luna mit silbernem Schein,
—Gucket zum Fenster herein,—Schlafe bei silbernem
Schein,—Schlafe mein Prinzchen, :,:schlaf' ein!:,:

2. Alles im Schlosse schon liegt, — Alles in
Schlummer gewiegt; — Reget kein Mäuschen sich
mehr,—Keller und Küche sind leer.—Nur in der Zofe
Gemach,—Tönet ein schmachtendes Ach!—Was für
ein Ach mag dies sein?—Schlafe mein Prinzchen,
:,:schlaf' ein!:,:

3. Wer ist beglückter als du,— Nichts als Ver-
gnügen und Ruh'—Spielwerk und Zucker vollauf,—
Und noch Karossen im Lauf.—Alles besorgt und bereit,—Dass nur mein Prinzchen nicht schreit.—Was
wird da künftig erst sein?—Schlafe mein Prinzchen,
:,:schlaf' ein!:,:

114. Die letzte Wacht.

G. BALDAMUS, op. 39, No. 1.

(E. Schoenenberger.)

1. Nun ist die Schlacht geschlagen,
—Die grosse Siegesschlacht!—Ich aber
muss euch klagen—Welch' Leid sie mir
gebracht.—Da liegt mit bleichen Wangen,—Den ich
geliebet hab',—:,:Der Tod hält ihn umfangen,—Und
bald das kühle Grab. :,:

2. Wie zog er stolz und heiter—Früh Morgens
heut' zu Feld,—Er war ein schmucker Reiter,—Ein
braver Mann, ein Held.—Nun ist sein Blut geflossen,
—Auf ewig still das Herz,—:,:Das treue Aug' ge-
schlossen,—Vorüber Lust und Schmerz. :,:

3. Es jauchzen Siegeslieder—Die Kampfgenossen
mein,—Ich aber kann, ihr Brüder,—Nicht mit euch
fröhlich sein.—Ihr mögt zur Heimath kehren,—Ich
halt' in stiller Nacht—:,:Dem Kamerad zu Ehren—
Noch eine letzte Wacht. :,:

115. Des Liedes Krystall.

FERD. SCHMIDT.

(Iwersen.)

1. Rein springt die Fluth hervor aus Felsen-
gründen,—Laut tönt ihr Wellenruf im Donnerchor.
—Wer will des Liedes freie Schwingen binden!—
Kühn hebt die Woge sich zum Licht empor.—:,: Und
hell :,: soll es klingen—Und hell auf sonnigen Schwingen!—Des Liedes Krystall:,: durchströmen das All, :,:
—Das endlose All.

2. Hoch lodert's auf in hellen lichten Flammen,—
Stolz steigt der Strahl herab vom Sonnenkern.—Nie
sinkt das Lied in ew'ge Nacht zusammen,—Nie stirbt
die Gluth im ersten Lebensstern!—Ja frei, ja frei soll
es walten,—Ja frei, und Strahlen entfalten!—Des
Liedes Krystall :,: durchfunkeln das All, :,:—Das endlose All!

3. Voll tönt die Fluth, hoch leuchten edle Flammen,—Schön sinkt in Harmonie das Bild zurück.—
Wohl führt sie Seelen innniglich zusammen!—Wohl
wohnt im Lied der Eintracht wahres Gluck!—a frei,
ja frei soll es klingen,—Ja frei auf sonnigen Schwingen!—Des Liedes Krystall:,: erfüllen las All, :,:—Das
endlose All!

116. Beim Walporzheimer.

G. BALDAMUS, op. 39, No. 3.

(Curt Heinau)

1. Das war an der Ahr in Walporzheim—Im
lauschigen Garten der Schenke,—Da hatte ein schel-
mischer:,: Kobold mit Leim:,:—Arglistig bestrichen
die Bänke.—Nun sitz' ich hier schon, wer weiss wie
lang—Ein Vampyr am Blute der Reben,—Im Zauber-
banne des Leims auf der Bank—Und kann mich nicht
wieder erheben.

2. Und wann ich dann einmal gefesselt,—Lass
mich nicht schmachten Elise—Du liebliche, fröhliche
Winzerin,—:,: Noch eine Flasche wie diese. :,:—Und
ist die letzte Flasche leer,—Dann werd' ich den Kobold
besiegen,—Dann hält er mich auf der Bank nicht mehr,
—Dann werd' ich darunter liegen.

117. Traum der Liebe.

Ed. Hermes.

1. O süsser Traum der stillen Nacht,—
Verlass' mich nicht, da ich erwacht,—
:,:O du, der mich entzückte.:,:—Es war
ihr Bild, so klar, so rein—Sie selbst im
lichten Schein,—Die ich im Traum erblickte.—:,:O
Traum der ersten Liebe—Verlass mich nicht.:,:

2. Du schlossest auf vor meinem Blick,—Mir
eine Welt von höchstem Glück,—:,:Ihm galt ja all'
mein Sehnen:,:—Und sie war mein, wie war ich
reich,—O Traum entfliehst du gleich,—Mit deinem
süssen Wähnen?—:,:O Traum der ersten Liebe—Verlass mich nicht.:,:

118. Rose Freiheit.

E. Koellner.

1. So oft der Reif von allen
Bäumen. — Herniedertropft bei
lauem Süd,—Und frisch die Saat
begann zu keimen,—:,:Erklang
auch hell der Lerchen Lied,:,:—Und all' die tausend
Minnelieder,—Dir Einz'gen dargebracht im Chor—
Erflehten neu und immer wieder:—:,:O Rose Freiheit
spriess empor!:,:

2. Nun lacht der Lenz aus Höh'n und Gründen,
—Die Rebe blüht zu heiterm Sinn,—Und tausend
holde Boten künden,—Die Blüthezeit der Königin;—
Und darf der Lenz mit duft'gen Schwingen,—Dir
wehen seine Grüsse zu,—Hör' auch den Wachtelruf
erklingen:—:,:Nun Rose Freiheit knosp' auch du!:,:

3. Doch sieh' zur Knospe schon gestalten,—Birgst
du der Blüthe volle Pracht.—Still harrend, bis sie
sich entfaltet,—:,:In einer Lenz-Gewitternacht,:,:—
Schon künden tausend Nachtigallen,—In sehnsuchts-
voller Töne Lauf,—Bald wird des Lenzes Donner
schallen:—:,:Dann Rose Freiheit blühst du auf!:,:

119. Das ewige Lied.

E. KÖLLNER, op. 201, I.

(Chr. Boehmer.)

1. Weisst du, was die Blumen flüstern,
—Weht ein Lüftchen d'rüber hin?—Weisst
du, was die Quellen singen,—Wenn sie
durch die Thäler zieh'n?—Weisst du, was in Lüften
klinget,—Lauschet still dein trunk'nes Ohr?—Was
sich frohe Vögel singen—In der Luft im Walde vor?

2. Weisst du was die Sterne sprechen—Einsam
in der heil'gen Nacht?—Weisst du, was dann für ein
Sehnen—Dir in tiefer Brust erwacht?—Ach, es ist der
Geist der Liebe,—Der durch Erd' und Himmel zieht—
:,: Von der ew'gen Liebe klinget—Durch die Welt das
ew'ge Lied.

120. Auf dein Wohl.

(Carl Ruehle.)

A. Dregert,
op. 139, No. 1.

Rich. Wolf,
op. 2, No. 1.

1. Es lachte der Früh-
ling, mich zog's nach dem
Rhein, — Ich konnte die
Lust nicht verwinden, —
Am schönsten der Ströme
ein Mädchen zu frei'n—Un-
endliches Glück dort zu finden.—Und es shwoll mir die
Brust—Und das Herz ward mir weit,—Schon von
Fern' sah die Holde ich winken:—:,: Auf dein Wohl,
du süsse, du rheinische Maid,:,:—Will mit rheinischen
Weine ich trinken.—Auf dein Wohl!

2. Die Wellen sie blinkten und kündeten Lust,
—Berauschendes rheinisches Leben;—Und eh' ich's
geahnet, und eh' ich's gewusst,—Da lag ich im Banne
der Reben.—Herzenslieb, du begreif'st, dass mit
Wein ich geweih't—Dir den Willkommen, du kennst
ja dies Winken:—:,: Auf dein Wohl etc. :,:

3. Du lachst wie der Frühling; ein Mädchen vom
Rhein—Ist schelmisch und hold ohne Gleichen,—
D'rum kann ich vom Rheine ein Mädchen nur frei'n,—
Dem Liebe und Lust ist zu eigen.—Ja am Rhein
blüht das Glück, und am Rhein allezeit—Wird die
Lieb' glückverheissend mir winken:—:,: Auf dein
Wohl etc. :,:

121. Waldeinsamkeit.

J. PACHE, op. 61, No. 1.
(H. Leuthold.)

1. Deine süssen Schauer, o Waldes-ruh',—In meine Seele hauche und träufle du,—Lass mich träumen die Träume der Jugendzeit,—:,:O Frieden, o Ruh':,: Komm' über mich—:,:Wie lieb' ich dich—Waldein-samkeit.:,:

2. Märzveilchen blühen, der Frühling kam,—Es zwitschern die Vöglein so wundersam,—Kein Laut, sonst Ruhe weit und breit!—:,·O Frieden, o Ruh' etc.:,:

122. Frühlingslied.

TH. PFEIFFER, op. 29,
(Th. Souchay.)

1. Hell ist ein Lied erklungen—Im grünen Waldeshaus—:,:Den Vöglein ist es gelungen—Den Lenz zu locken heraus!:,:—Sie sangen so süsse Lieder —In den tiefen Wald hinein,—Sie sangen vom Himmel hernieder—In den Lenz, in den Sonnenschein.:,:

2. Der Wald ist meine Kirche,—:,:mein liebes Got-teshaus:,:—Hör ich die Glocken schallen,—:,:So wandre ich hinaus.:,:—:,:Holder Lenz, lass dich umfangen:,: —Von der Liebe Allgewalt,—:,:Ewig lass' im Schmucke prangen—Berg und Thäler, Strom und Wald.:,:

123. Trinklied.

F. MENDELSSOHN—BARTHOLDY.

1. So lang man nüchtern ist, gefällt das Schlechte,—:,:Wie man getrunken hat, weiss man das Rechte,:,:—:,:Nur ist das Uebermaass auch gleich zu Handen,:,:—:,:Hafis o lehre mich, wie du's verstanden.:,:

2. Denn meine Meinung ist nicht übertrieben,— :,:Wenn man nicht trinken kann, soll man nicht lieben.:,:—:,:Doch sollt ihr Trinker euch nicht besser dünken,:,:—:,:Wenn man nicht lieben kann, soll man nicht trinken.:,:

124. Würzburger Schützenmarsch.

ff

H. Becker.

Frisch ganze Kompagnie mit lautem Sing und Sang;—Bei frohem Liederklang wird nie der Weg zu lang,—:,:Links rechts, streng in Takt,—Rein fest angepackt,—Rasch voran, Mann an Mann,—Uns're frohe Bahn. :,:—Sang, Lieb' und Freude,—Führen uns heute,—Uns're lust'ge Kompagnie—Wandert so spät und früh,—:,:Durch die weite Welt,—Wohin es ihr gefällt. :,:—Schrum, schrum.—Kommen wir dann in's Quartier,—Füllen wir die Stützen hier,—Uns're Zier, rasch mit Bier, trinken für und für,—Kommt ein feines Mägdelein,— Schau'n wir auch nicht grämlich drein,—Wird charmirt, attaquirt, manches Herz gerührt.—Halloho, halloho,—So leben wir stets frei und froh—Sang, Lieb' etc.

125. Eine Maiennacht.

pp

F. Abt.

1. Es legt um Busch und grüne Gipfel—Die laue Nacht, so sanft den Arm,—Stumm werden liedervolle Wipfel,—:,:Und Schlummer wieget ein den Harm. :,:—:,:O Nacht, du heil'ge Nacht, o Nacht, du stille Nacht,—Wer hat dich so reich bedacht!:,:

2. Als wollt' er leis' zum Beten wecken,—So summet fernem Läuten gleich—Ein Käfer noch zu duft'gen Hecken,—:,:Und sucht sein Blüthenbett, so weich. :,:—:,:O Nacht, Nacht, du heil'ge Nacht, du stille Maiennacht,—Wie hat dich Gott so reich bedacht!:,:

3. Und drüber hin zieh'n Silbersterne—So sicher durch die dunkle Welt—Wie Pilger in der weiten Ferne,—:,:Die fest ein treuer Führer hält. :,:—:,:O Nacht etc. :,: (wie bei Vers 1.)

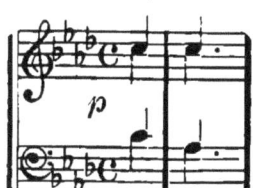

126. Ständchen.

H. MARSCHNER.

1. Warum bist du so ferne?—O mein Lieb!—Es leuchten mild die Sterne—O mein Lieb!—Der Mond will schon sich neigen,—In seinem stillen Reigen—:,:Gute Nacht, mein süsses Lieb!:,:

2. Es rauschen sanft die Wogen—O mein Lieb!—Auch du bist fortgezogen,—O mein Lieb!—Ich wandle still im Haine—Und klag's dem Mondenscheine—:,:Gute Nacht mein süsses Lieb!:,:

3. Es regen sich im Herzen—O mein Lieb!—Die bittersüssen Schmerzen—O mein Lieb!—Sie freuen und sie kränken,—Denn ich muss dein gedenken—:,:Gute Nacht, mein süsses Lieb!:,:

127. Immer mehr.

SEIFERT.

1. Ich möchte sie wohl sehen,—:,:Ach nur ein einzig'mal, :,:—Da ich sie nun gesehen—Möcht' ich sie wieder sehen—:,:Noch viele tausend'mal. :,:

2. Ihr Händchen möcht' ich drücken,—:,:Ach nur ein einzig'mal,—:,:Da ich es nun gedrücket,—Möcht ich es wieder drücken—:,:Noch viele tausend'mal. :,:

3. Ich möchte sie wohl küssen,—:,:Ach nur ein einzig'mal, :,:—Da ich sie nun geküsset—Möcht' ich sie wieder küssen—:,:Noch viel millionen'mal. :,:

128. Abendständchen.

F. MENDELSSOHN - BARTHOLDY.

1. Schlafe Liebchen, weil's auf Erden—Nun so still und einsam wird,—Oben geh'n die gold'nen Heerden,—:,:Für uns alle wacht der Hirt. :,:

2. Schlingen sich an Baum und Zweigen—In dein stilles Kämmerlein,—Wie auf gold'nen Leitern steigen—:,:Diese Töne aus und ein. :,:

3. Und der Töne Klang entführet—Weit der buhlerische Wind,—Und durch Schloss und Wand ihn spüret—:,:Träumend wohl das süsse Kind. :,:

129. Das treue deutsche Herz.

J. Otto.

1. Ich kenn' ein' hellen Edelstein—Von köstlich hoher Art,—In einem stillen Kämmerlein:—:,:Da liegt er gut verwahrt,:,:—Kein Demant ist's, der diesem gleicht,—:,:So weit der liebe Himmel reicht,:,:—Die Menschenbrust ist's Kämmerlein,—Da legte Gott so tief hinein—Den schönen hellen Edelstein,—:,:Das treue,:,:das treue deutsche Herz.

2. Für Pflicht und Recht, für Wahrheit, Ehr'—Flammt heiss es allezeit—Voll Kraft und Muth schlägt's hoch und hehr,—:,:Für Tugend, Frömmigkeit,:,:—Nicht schrecket es der MenschenSpott,—:,:Es traut allein dem lieben Gott,:,:—Der ganze Himmel klar und rein,—Es spiegelt sich im Sonnenschein,—Im schönen hellen Edelstein,—:,:Im treuen:,:deutschen Herz.

3. Wohl weiss ich noch ein gutes Wort,—Für das es heiss entbrannt,—Das ist sein höchster heil'ger Port,—:,:Das theure Vaterland,:,:—Treu hängt's an ihm, verräth es nicht,—:,:Selbst wenn's in Todesschmerzen bricht:,:—Kein schön'rer Tod auch kann es sein,—Als froh dem Vaterland zu weih'n—Den schönen hellen Edelstein—:,:Das treue,:,: deutsche Herz.

4. Nimm Gott mir Alles, was ich hab',—Ich geb' es freudig hin,—Nur lass' mir deine schönste Gab',—:,:Den treuen deutschen Sinn,:,:—Dann bin ich hochbeglückt und reich,—:,:Kein Fürst auf Erden kommt mir gleich,:,:—Und soll mein Leib begraben sein,—Dann setz' in deinen Himmel ein—Den schönen hellen Edelstein,—:,:Mein treues,:,: deutsches Herz.

130. Sommernacht.

H. Spielter, op. 36, No. 1.
(D. Saul)

1. Tausend gold'ne Sterne glänzen—An des Abendhimmels Pracht—Duftig liegst du, ohne Grenzen—:,:Märchenschöne Sommernacht.:,:

2. Jubeln möcht' ich, doch ich neige—Stumm das Haupt zum Erdengrund;—Wenn die Himmel reden, schweige,—:,:Schweig' du armer Menschenmund.:,:

131. Das Testament.

H. Marschner.

Im alten Fass zu Heidelberg,—Da müsst ihr mich
begraben,—In diese weltberühmte Gruft—Versenkt
den alten Knaben.—Besprengt das Fass mit gold'nem
Wein,—Mit rothem und mit weissem,—Und dann
müsst ihr ganz feierlich—Die Gläser d'ran zerschmeis-
sen,—D'rauf hält der, der am trunk'sten ist,—Mir
eine Grabesrede,—:,:Doch wer nur mit der Wimper
zuckt,—Dem schwöret Hass und Fehde.:,:—Habt ihr
die Lichter ausgethan,—So singt noch ein paar Lieder,
—Pocht dreimal dann am Fasse an,—Und kehrt zur
Schenke wieder.—:,:Kommt dann der nächste Herbst
herbei,—Wo man den Wein thut pressen,—Rumor' ich
in dem Fass herum—Und hab euch nicht vergessen.:,:

132. Das Blümlein.

H. Spielter, op. 36, No. 2.
(O. Richter.)

In meinem Herzen erblühet—Ein
zartes Blümelein,—Das ist meine
zärtliche Liebe—Zu dir Herzlieb-
chen mein.—Nichts pfleg' ich so sorgsam im Herzen—
Als dieses Blümelein—Es soll dir zur Freude erblü-
hen,—Zum Glück und Segen gedeih'n,—Kein Reif
soll mein Blümlein gefährden,—Kein Sturm seine
Blüthen verweh'n.—:,:Mein Herz wird mit all' seiner
Wärme—Stets für mein Blümlein steh'n.:,:

133. Der Käfer und die Blume.

Veit.

Es flog ein alter Käfer sum,
sum—Um's Beet im Morgen-
scheine,—Erwählet dann sich
Eine—Im Blumenpublikum, sum, sum.—Er sprach,
vom Golde blitzend: sum, sum.—Der Erde zwar ent-
stiegen,—Kann ich doch hoch nun fliegen,—So liebe
mich darum, sum, sum.—Es sprach die kleine Blume:
Es treiben Schmetterlinge—:,:Viel artigere Dinge,:,:
—:,:Erspare dein Gebrumm,:,:—:,:Da sah:,:der alte
Käfer, sum, sum,—Bei ihr die schönsten Falter—Im
jugendlichen Alter — sum, sum,—:,:Und blieb vor
Aerger stumm.:,:

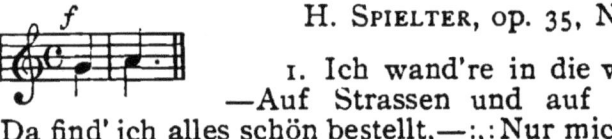

134. Schwan-Marie.

H. Spielter, op. 34.

(R. Leander.)

1. Mit gutem Muth so schlechten
Wein—Mein Lebtag trank ich nie,
—Als wie im Schwan zu Heidelberg:—Da schenkt
die Schwan-Marie.—Vom Rauch getrübt die Fenster
sind,—Noch trüber ist der Wein—Und wär' der Wein
viel trüber noch:—:,:Marie, Marie schenk ein.:,:

2. Und sieht man durch die Fenster nicht,—So
schwarz berusst sind die—Die schönste Aussicht ist
ja d'rin—Das ist die Schwan-Marie.—Die schwatzt
von früh bis in die Nacht—Und lacht so lieb dabei!—
Und ist doch Keiner, dem sie's glaubt,—:,:Wie süss
das Küssen sei.:,:

3. Und willst du eine Schenkin sein—Im weissen
Schwan, Marie,—Und geizest gar mit einem Kuss,—
Das Ding begreif' ich nie.—Und minder noch begreif'
ich es,—Dass wir hier kehren ein—Marie, Marie, was
lachst du doch?—:,:So komm' mal, schenke ein.:,:

135. Grüss' mir das blonde Kind am Rhein.

H. Spielter, op. 35, No. 1.

1. Ich wand're in die weite Welt
—Auf Strassen und auf Gassen,—
Da find' ich alles schön bestellt,—:,:Nur mich find' ich
verlassen!:,:—Der Weg wird weit am rauhen Stein,—
Da leg' ich müd' mich nieder.—:,:Grüss' mir das
blonde Kind am Rhein,—Und sag' ich käme wieder.:,:

2. Und weiter wenn der Morgen tagt,—Durch
Sonnengold und Regen,—Mir hat die Mutter oft ge-
sagt:—:,:Das Glück blüht allerwegen!:,:—Und doch
hier kann es nimmer sein,—Kein einziger Stern fällt
nieder.—:,:Grüss' mir das blonde Kind etc.:,:

3. Wie hab' beim Abschied ich gescherzt,—Als
ob mich nichts gequälet,—Nun weiss ich erst, wie
sehr es schmerzt,—:,:Wenn ein's dem andern fehlet!:,:
—Am Ufer wandelt sie allein,—Singt einsam meine
Lieder.—:,:Grüss mir, das blonde Kind etc. :,:

136. Sängerhass.

H. SPIELTER, op. 36, No. 3.

(H. Linde.)

1. Wir Sänger hassen die Lieder,—Die dumm und schlecht und seicht,—Die uns alle zuwider,—Und wären sie noch so leicht!—Doch wenn wir ein Liedchen finden,—So kräftig, so frisch und gesund,—:,: Die Herzen so recht zu entzünden,—Das singen wir alle Stund'. :,:

2. Wir Sänger hassen die Schönen,—Die nicht das Lieben versteh'n—Die werden nie uns versöhnen,—Die mögen in's Kloster geh'n!—Doch so uns ein Mädchen nicht wehret—Zu küssen den rothen Mund,—:,: Das wird gar brünstig verehret,—Das küssen wir alle Stund'. :,:

3. Wir Sänger hassen das Trinken,—Von schlechtem Bier und Wein,—Dem Wasser, so hell es mag scheinen,—Dem können wir Freund nicht sein!—Doch wenn so ein Tränklein fliesset,—Fein goldig und klar von dem Spund,—:,: Das wird mit Freuden gegrüsset,—Das trinken wir alle Stund'. :.:

137. Frühlingsnahen.

H. SPIELTER, op. 44, No. 1.

(K. Stieler.)

1. Es kommen die Sonnenstrahlen, die feinen,—Die möchten dir gern in die Augen scheinen,—Lug', lug'! Elslein mach' auf!

2. Dann kommt die Lerche mit hellen Schwingen,—Möcht' dir ihr Lied zu Herze singen,—Horch', horch'! Elslein mach' auf.

3. Es kommen zum Fenster herein die Rosen,—Sie möchten mit deinen Händen kosen,—Lug', lug'! Elslein mach' auf.

4. Bald kommt dein Liebster auch gegangen,—Der möcht' dir küssen Mund und Wangen,—Horch', horch'! Elslein mach' auf!

67

138. Im Walde.

H. Spielter, op. 14, No. 2.

(J. Ambrosius.)

Im Walde leben, im Walde sterben welch' schönes Loos!—Zum Bett die Blumen, als Grab und Denkmal das grüne Moos.—Cibellen wohl schimmern durch heil'ge Düster wie Edelstein, —Und Epheu schlingt die hohe Rüster umarmend ein.—Die Bäume rauschen im Abendwinde manch' süsses Lied,—Es tropfet leise vom hohen Zweige auf Blatt und Ried.—So hingestrecket zur süssen Ruhe, fern allem Leid,—:,: Das Auge schliessen,˙ selig träumen in Ewigkeit. :,:

139. Die Mühle.

H. Spielter, op. 45, No. 1.

(W. Cappilleri.)

Tief im Thal steht eine Mühle,—Unermüdlich geht ihr Rad,—Und der Müller der da wohnet,—Tag und Nacht nicht Ruhe hat.—Auch mein Herz ist eine Mühle,—D'rinnen klappert 's Tag und Nacht;—Und die Liebe ist der Müller,—Der geschäftig drinnen wacht.

140. Frühlingsklage.

A. Billetr, op. 28, No. 1.

(F. Oser.)

1. Wölklein ziehen in den Höh'n,—Schnell gejagt von lauhen Lüften;—Wiesen steh'n so wunderschön,—Veilchen rings im Thale duften;—Aber fern im Haine schon,—:,: Horch! welch' banger Klageton!:,:

2. Weiss es wohl o Nachtigall—Was mir dein Lied will sagen!—Kenn' ihn wohl, der Wehmuth Schall—In den allerschönsten Tagen:—Mir auch zittert's durch's Gemüth,—:,: Wie so bald der Lenz verblüht. :,:

141. Mein Himmel auf der Erde.

H. Pfeil, op. 16.
(H. Pfeil.)

1. Ich bin so gern, so gern daheim,—Daheim in
meiner stillen Klause;—Wie klingt es doch dem Herzen wohl,—Das liebe traute Wort: Zu Hause!—O nirgends auf der weiten Welt—Fühl' ich so frei mich
von Beschwerde!—Ein braves Weib, ein herzig Kind:
—Das ist mein Himmel auf der Erde!

2. Gewandert bin ich hin und her—Und musste
oft dem Schmerz mich fügen;—Den Freudenbecher
setzt' ich an,—Ich trank ihn aus in vollen Zügen,—
Doch immer zog es mich zurück,—Zurück zu meinem
heim'schen Herde! — Ein braves Weib, ein herzig
Kind:—Das ist mein Himmel auf der Erde!

3. Allabends, wenn der Tag zur Ruh',—Und ich
mich leg' zum Schlummer nieder,—Da bete ich zum
Herrn der Welt,—Eh' schliessen sich die Augenlider.
—Ich falte meine Hände fromm—Zu dem, der einstens
sprach sein Werde:—Du guter Gott, erhalte lang'—
Mir meinen Himmel auf der Erde!

142. Wie hab' ich sie geliebt.

F. Möhring.
(K. Koerner.)

1. Wie hab ich sie geliebt, doch ach!
—:,: Der süsse Traum verschwand, :,:—
Sie selber rief daraus mich wach,—
:,: Leb' wohl, mein Vaterland. :,:

2. Jetzt lass' ich wiegen von der Fluth—Mich
wieder in den Traum.—:,: Es kühlt der Ocean mein
Blut—Mit seinem kalten Schaum. :,:

3. Noch einen Blick nach dir—:,: Du blüh'nder
Heimathsstrand:,:—Grüss' noch einmal mein Liebchen mir,—:,: Leb' wohl mein Vaterland. :,:

4. Doch nein, ich kenne sie nicht mehr—Vergessen soll sie sein!—:,: Ich liebe dich du weites Meer.
—Nun in die See hinein. :,:

143. Gruss an Deutschland aus der Ferne.

ALFRED DREGERT, op. 81.

(Emil Rittershaus.)

1. Der theuren Heimath ferne—Wo uns're Wiege stand,—Wie denken wir so gerne—Zurück an's Vaterland!—Wie reich auch draussen quelle der rothe Born der Lust,—:,:Es bleibt die erste Stelle—Der Heimath in der Brust!:,:

2. Was deutsche Meister schufen,—Vom Geiste hoch geweiht,—Wach wird's ein Echo rufen—In uns zu jeder Zeit!—Beim Klange deutscher Weisen,—Den schönsten fern und nah',—:,:Wer möcht' nicht jauchzend preisen—Das Land Germania!:,:

3. Wo Gastrecht wir gefunden,—Wo unser Anker sank,—Da bleibt zu allen Stunden—Lebendig unser Dank.—Dass wir am Herd gesessen—Wie eig'nen Hauses Kind,—:,:Das werde nie vergessen—Von Herzen treu gesinnt!:,:

4. Da senkt der Schlaf die Binde—Auf uns're Wimpern sacht,—Dann rauscht die deutsche Linde—Durch unsern Traum der Nacht,—Dann weht um Stirn und Wangen—Ein Hauch so liebewarm,—:,:Als hielt uns noch umfangen—Der guten Mutter Arm.:,:

5. Land, wo des Rheines Wogen—Der Rebenkranz umspannt,—Die Sehnsucht kommt geflogen—Zu dir mein Vaterland!—In Freuden, wie in Schmerzen,—Bis an des Grabes Rand,—:,:Getreu im tiefsten Herzen—Dem deutschen Vaterland!:,:

144. Im Rosengärtlein.

H. SPIELTER, op. 15, No. 2.

(K. Stieler.)

1. Im Rosengärtlein deiner Wangen —War ich ein stiller Minnegast,—Und wie mir 's da so süss ergangen—Das neidet mir ein König fast.

2. Wohl tausend Küsse that ich nehmen,—Mir sind die Lippen purpurroth,—Ich möcht' mich freu'n und möcht' mich schämen—All' meiner Seligkeit und Noth.

145. Morgengebet.

MENDELSSOHN-BARTHOLDY.

Arrangirt von W. Baumgartner.

(E. von Feuchtersleben.)

1. Es ist bestimmt in Gottes Rath,
— Dass man, was man am liebsten
hat,—:,:Muss meiden:,:—Wiewohl nichts in dem Lauf
der Welt—Dem Herzen, ach! so sauer fällt,—Als
Scheiden! ja Scheiden!

2. So dir geschenkt ein Knösplein was,—So thu'
es in ein Wasserglas,—:,: Doch wisse:,:—Blüht morgen
dir ein Röslein auf,—Es welkt wohl noch die Nacht
darauf;—Das wisse, ja wisse!

3. Und hat dir Gott ein Lieb' bescheert,—Und
hältst du sie recht innig werth,—:,: Die Deine:,:—Es
werden wohl acht Bretter sein,—Da legst du sie, wie
bald! hinein;—Dann weine! ja weine!

4. Nur musst du mich auch recht versteh'n,—Ja,
recht versteh'n,—Wenn Menschen auseinandergeh'n,
— So sagen sie : Auf Wiederseh'n ! — Ja Wiederseh'n!

146. Mutterseelen allein.

Volksmelodie, bearb. von M. SPICKER,
op. 40, No. 2.

1. Es blickt so hell der Mond mich
an,—Es fliesst so still der Rhein,—
:,: Der Fischerknabe steht im Kahn':,:
—:,:So mutterseelen allein,:,:

2. Ich sitz' am Rocken traurig still—In meinem
Kämmerlein,—:,: Das Rädchen mir nicht schnurren
will:,:—:,:So mutterseelen allein.:,:

3. Wärst du bei mir, wär' ich bei dir—Du holder
Knabe mein,—:,:Ständ'st du nicht dort, säss' ich nicht
hier:,:—:,:So mutterseelen allein.:,:

147. Abschied vom Walde.

A. Zimmermann.

1. O Thäler weit, o Höhen,—O schöner, grüner Wald,—Du meiner Lust und Wehen—Andächt'ger Aufenthalt!—Da draussen, stets betrogen—Saust diegeschäft'ge Welt,—:,:Schlag' noch einmal die Bogen—um mich, du grünes Zelt!:,:

2. Wenn es beginnt zu tagen,—Die Erde dampft und blinkt,—Die Vögel lustig schlagen,—Dass dir dein Herz erklingt:—Das mag vergeh'n, verwehen—Das trübe Erdenleid—:,:Da sollst du auferstehen—In junger Herrlichkeit!:,:

3. Da steht im Wald geschrieben—Ein stilles, ernstes Wort—Von rechtem Thun und Lieben,—Und was des Menschen Hort.—Ich habe treu gelesen—Die Worte schlicht und wahr,—:,:Und durch mein ganzes Wesen—Ward's unaussprechlich klar.:,:

4. Bald' werd' ich dich verlassen,—Fremd in die Fremde geh'n,—Auf buntbewegten Gassen—Des Lebens Schauspiel seh'n:—Und mitten in dem Leben—Wird deines Ernst's Gewalt—:,:Mich Einsamen erheben,—So wird mein Herz nicht alt.:,:

148. Es steht eine mächtige Linde.

Max Spicker, op. 40, No. 1.

1. Es steht eine mächtige Linde,—Wie ragen die Aeste so weit,—:,:Und all' ihre Blätter sie flüstern—Von der alten schönen Zeit.:,:

2. Es rauschet dabei eine Quelle,—Vor grauen Jahren geweiht,—:,:Und all' ihre Wellen, sie rauschen—Von der alten schönen Zeit.:,:

3. Der Hoffnung gar fröhliche Bilder—Sind immer in meinem Geleit,—:,:So will ich hier ruhen und träumen—Von der alten schönen Zeit.:,:

149. Im Liede.

RICH. WOLF, op. 3, No. 2.

(H. Wühner.)

1. Im Liede ist mein Leben,—Im Liede ist mein Heil.—Im Liede ist gegeben—Ein Trost mir alleweil. 2. Hat mich ein Leid getroffen,—Gleich flüchte ich zum Lied,—Und neues frohes Hoffen—Durchkräftigt mein Gemüth.—Doch kehrt zur guten Stunde —Die Freude bei mir ein,—So giebt davon gleich Kunde—Ein munter Liedelein. 3. Vers 1 wiederholt. :,: Drum hoch das Lied, mein deutsches Lied.:,:

150. Abschied.

WM. PAPP.

(L. Nothhas.)

1. Muss wandern aus der Heimath fort,—Noch kaum beginnt's zu tagen, —:,: O, könnte ich ein Abschiedswort —Nur meinem Liebchen sagen.:,:

2. An ihrem Haus hält still mein Fuss.—Rings Friede in der Weite,—:,: Von oben winkt kein Abschiedsgruss.—Der gab mir das Geleite. :,:

3. Schläfst Liebchen du in süsser Ruh'—Muss fort den Schritt nun lenken,—:,: Ich ruf' dir tausend Grüsse zu,—Werd' deiner stets gedenken. :,:

151. Ständchen bei Vollmond.

Neapolitanisch.

Bearbeitet von MAX SPICKER.

1. Gesang und Mandolinen,—Erklingt zum frohen Feste!—Der Nachbarn böse Mienen — Stör'n uns're Freude nicht.—Dir gilt die Serenade.—Dein Trauter bringt sie dir.—:,: Doch warum verbirgst du dich vor mir?:,:

2. O sieh' beim Vollmondscheine,—Die munt're Schaar der Freunde!—Und glaubst du's nicht erscheine,—Dein harrend steh'n wir hier.—Zu dir klingt unser Liedchen—In stiller Abendruh'—:,: Doch warum o Holde zauderst du?:,:

3. O sieh' (wie Vers 2 bis ,,steh'n wir hier").— :,: O komm, o komm!:,:

73

152. Finnlands Wald.

Finnisches Volkslied.

Bearbeitet von MAX SPICKER.

1. Tief in des Waldes Dunkel verborgen—Steht meine Hütte im Suomiland!—Hell blinkt der See und der thaufrische Morgen—Kleidet die Flur in ihr Perlengewand.—:,: Hoi, laari, laari, laa!—Hei, Echo schallt aus dem Finnland Wald!:,:

2. Fröhlich erschallt aus den Wipfeln der Bäume —Im Finnland Walde lust'ger Vögelsang!—Lieder der Hirten durchtönen die Bäume,—Füllen die Seele mir mit Jubelklang.—:.: Hoi, laari etc. :,:

3. Der Seele Sprache, von Keinem verstanden,— Spricht Waldesrauschen und des Wassers Fall;—Frei fühlt das Herz sich von engenden Banden,—Laut jauchzt der Mund und weckt des Echo's Schall.— :,: Hoi, laari etc. :,:

153. Was that ich dir?

Neapolitanisch.

Bearbeitet von MAX SPICKER.

1. Ach Herzensschätzchen, sag' mir doch,—Was that ich dir zu Leide,—Dass du mir schaffst so schwere Pein,—Verdirbst mir Lust und Freude?— Dich liebe ich, o glaub' es mir,—Dein bin ich jetzt und immer!—Was wend'st du schmollend dich von mir,—Der treu ergeben dir?

2. Wenn leise meine Laute klingt—Hinauf zu deinem Fenster,—Mein liebend Herz dir Lieder singt —Zur Stunde der Gespenster.—Vergebens tönt der Liederschall,—Vergebens fliessen Thränen;—So bleibt als Ende meiner Noth—Nichts, als der bitt're Tod!

3. D'rum Herzensschätzchen, sage mir,—Was hab' ich dir gethan?—Kann nichts befrei'n dein kleines Herz— Von unglücksel'gem Wahn?—Ein süsser Kuss, das wär' dein Lohn,—Wollt'st du dich freundlich zeigen,—Doch solch' ein bitterbös' Gesicht,—Nein, Schätzchen, küss' ich nicht!

154. Morgenlied.

Jul. Rietz.

(Eichendorff.)

1. Kein Stimmlein noch schallt von allen—In frühester Morgenstund,—Wie still ist's doch in den Hallen—:,: Durch den weiten Waldesgrund:,:—Ich stehe hoch über'm Thale—:,: Stille vor grosser Lust, :,: —Und schau' nach dem ersten Strahle,—:,: Kühl schauernd in tiefster Brust. :,:

2. Wie sieht zu dieser Stunde—So anders das Land herauf,—:.: Nichts hör' ich da in der Runde— Als fern der Ströme Lauf. :,:—Und ehe sich alle erhoben,—:,: Des Tages Freuden und Weh',:,:—Will ich Herr Gott dich loben,—:,: Hier einsam in stiller Höh'. :,:

3. :,: Nun rauschen schon stärker die Wälder, :,:— :,: Morgenlicht funkelt hinauf, :,:—:,: Die Lerche singt über den Feldern, :,:—:,: Schöne Erde, nun wache auf. :,:

155. Die Müllerin.

(Chamisso.)

1. Die Mühle, die dreht ihre Flügel—Der Sturm, der sauset dahin—:,: Und unter der Linde am Hügel.—Da weinet die Müllerin. :, :

Wm. Papp.

I. Lehmann.

2. Lass sausen den Sturm und brausen,—Ich habe gebau't auf den Wind!—:,: Ich habe gebau't auf die Schwüre—Da war' ich ein thörichtes Kind. :,:

3. Noch hat mich der Wind nicht belogen,— Der Wind der blieb mir treu.—:,: Nun bin ich verarmt und betrogen,—Die Schwüre, die waren mir Spreu. :,:

4. Wo ist, der sie geschworen?—Der Wind nimmt die Klagen nur auf,—:,: Er hat sich auf's Wandern verloren.—Es findet der Wind ihn nicht auf. .,:

75

156. Der Liebsten Preis.

Spottlied aus Finnland.

Bearbeitet von MAX SPICKER.

1. Schmuck sieht meine Freundin aus,—Sind auch dünn die Aermchen,—Wie 'ne Nuss ihr Köpfchen ist,—:,:Wenn es gleich auch schief sitzt,:,:—Hei, lulia, tralala.

2. Blau sind ihre Aeugelein,—Wenn sie auch gleich schielet,—Sie verschüchtert mich doch nicht,—:,:Ob ich selbst auch klein bin.:,:—Hei, lulia, tralala.

3. Bald kommt nun das nächste Jahr,—Ob's auch lang noch währet,—Dann wähl' ich 'nen and'ren Schatz,—:,:Sicher einen schön'ren.:,:—Hei, lulia, tralala.

157. Aus goldener Zeit.

JOH. WERSCHINGER.

(P. J. Immergrün)

1. Mutter, wenn ich gross geworden,—Kauf' ich dir ein schönes Haus;—Auf dem Berge soll es stehen,—:,:Ueber Menschen weit hinaus.:,:—Denn die Menschen lieb' ich nicht,—Weil den Vater sie begraben,—Und mein liebes Mütterlein,—Ach, so oft gekränket haben;—Und die Mutter seufzet leis':—:,:Büblein, wenn du gross, wer weiss?:,:

2. Und ein Gärtchen will ich bauen,—Nah' bei unserm schönen Schloss,—Und voll Blumen will ich's pflanzen,—:,:Auch für meine Mutter blos.:,:—Nicht sollst du hier unten mehr—Nach der sauren Arbeit gehen,—Sollst nicht weinen, sollst vergnügt—Auf die Menschen niedersehen;—Und die Mutter spricht voll Leid:—:,:Büblein, ja, es kommt die Zeit.:,:

3. Ich will sorgen, ich will schaffen,—Nacht und Tag und immer zu;—Du sollst keinen Werktag haben,—:,:Meine gute Mutter du!:,:—Glaub', ich lass' es nicht gescheh'n,—Dass die Menschen dann dich plagen,—Und ich lass es nimmer zu,—Dass sie dich zum Friedhof tragen;—Und die Mutter sagt kein Wort,—:,:Herzt das Büblein fort und fort.:,:

158. Herzensfrühling.

JOH. WERSCHINGER.

(P. J. Immergrün.)

1. Kommt, ihr sonnig schönen Tage,—D'ran die Welt sich wieder wärmt!—Jauchze, jauchze, meine Seele—Hast dich lang' genug gehärmt.—Warum sollt' ich ewig weinen,—Warum ewig traurig scheinen?— :,:Schlag einmal recht frei,—Herz auch du hast deinen Mai.:,:

2. Trübt mir meines Herzens Stürme,—Nicht das heit're Angesicht!—Morgen mögt ihr doppelt toben,—Aber heute stört mich nicht!—Warum sollt' ich ewig klagen,—Und am Leben ganz verzagen?—:,:Kummerwolken fliegt vorbei—Auch das Herz hat seinen Mai!:,:

3. Keinen Menschen kann ich hassen—Auf dem weiten Erdenrund.—In der Freude könnt' ich küssen —Jeden rosenrothen Mund!—Warum sollt' ich nicht in's Leben—Eine lichte Stelle weben?—:,:Schlag einmal recht frisch und frei—Herz auch du hast deinen Mai.:,:

159. Einkehr.

Bearbeitet von CARL ZÖLLNER.

(W. Müller.)

1. Im Krug zum grünen Kranze—Da kehrt' ich durstig ein.—:,:Da sass ein Wand'rer drinnen—Am Tisch bei kühlem Wein.:,:

2. Ein Glas ward eingegossen,—Das wurde nimmer leer;—:,:Sein Haupt ruht' auf dem Bündel,—Als wär's ihm viel zu schwer.:,:

3. Ich thät mich zu ihm setzen,—Ich sah ihm in's Gesicht,—:,:Das schien mir gar befreundet,—Und dennoch kannt' ich's nicht.:,:

4. Da sah auch mir in's Auge—Der fremde Wandersmann,—:,:Und füllte meinen Becher— Und sah mich wieder an.:,:

5. Hei, was die Becher klangen,—Wie brannte Hand in Hand!—.,:Es lebe die Liebste deine,—Herzbruder, im Vaterland!:,:

77

160. Die Verlassene.

Nach einer schwäb. Volksmelodie.

AUGUST REISER.

1. Mei Mutter mag mi net,—Und kein Schatz han i net,—:,:Ei, warum sterb' i net,—Was thu' i do?:,:

2. Gestern is Kirchweih g'weh'—Mi hot mer g'wiss net g'seh',—:,:Denn mir is gar so weh,—I tanz jo net!:,:

3. Lass die drei Rösle steh'n—Die an dem Kreuzle blüh'n.—:,:Händ' ihr das Mädle kennt,—Die d'runter liegt?:,:

mf

161. Meine Muttersprache.

E. S. ENGELSBERG.

(Klaus Groth.)

1. O Muttersprache schön und weich;—Wie traulich klingst du mir!—Wär' auch mein Herz dem Steine gleich,—Sein Hochmuth wiche dir.—Du beugst den Nacken und er bricht,—Als bög' ihn Mutterarm,—Du kosest mir um's Angesicht,—Und still ist aller Harm,—Still ist nun aller Harm.

2. Ich fühle wieder mich als Kind,—Kaum noch der Welt bewusst,—Du hauchst mir wie ein Frühlingswind—Gesund die kranke Brust.—Mir ist's als falte Vater dann—Noch jetzt die Hände mir,—Und „Vater Unser" fang' ich an,—:,:Als säss er wieder hier.:,:

3. O Muttersprache schön und weich!—Wie hold, wie traulich klingst du mir!—O Sprache meiner Heimath ach—Wie traulich klingst du mir!—O Muttersprache recht und schlicht,—Du alte fromme Red'.—Wenn nur ein Mund „mein Vater" spricht—:,:So klingt mir's wie Gebet!:,:

4. So herrlich klingt kein Harfenton.—Singt keine Nachtigall,—Und helle Thränen quillen schon—Hervor bei deinem Schall—Bei deinem trauten Schall. :,:O Muttersprache etc. :,:

(Vers 3 bis „klingst du mir".)

162. Schöner Rhein, Vater Rhein!

Bearbeitet von H. Mohr.

(Dr. A. Levy.)

1. Schöner Rhein, Vater Rhein! —Brausend kommen deine Wogen—Von der Alpe Felsgestein, —Schliessest mit gewalt'gen Bogen—Tausend prächt'-ge Städte ein;—Unsern Triften bringst du Segen,—Unser'n Fluren froh Gedeih'n,—:,:Und man preist dich allerwegen,—Schöner Rhein, Vater Rhein!:,:

2. Tief in deine kräft'gen Wellen—Taucht manch' kühnes Fahrzeug ein—:,:Und die weissen Segel schwellen,—:,:Bunte Wimpel flattern d'rein,—Von den Bergen bis zum Meere—Trägst du sie am Busen dein.—:,:Weit zu künden deine Ehre,—Schöner Rhein, Vater Rhein!:,:

3. Doch das schönste deiner Kinder,—Auf den Hügeln reift der Wein,—Deiner Herrlichkeit Verkünder—Will er allen Menschen sein,—Und durchglüht von seiner Flamme—Stimm' in unsern Jubel ein—:,:Jeder Mann von deutschem Stamme:—Schöner Rhein, Vater Rhein!:,:

163. Liebchen wach' auf.

E. Meyer-Helmund, op. 80, No. 1.

1. :,:Liebchen wach' auf!:,: Mach' auf dein Fensterlein,—Und lass den Liebsten ein!—:,:Liebchen, wach auf!:,:— Liebchen, sei gut!—Liebchen, :,:hab' Muth!:,:—Sei nicht so spröde mein Kind,—Ach, öffne mir geschwind!—Liebchen, sei gut,—:,:Liebchen, hab' Muth!:,:

2. Morgen ist Kirchweihfest,—D'rum magst du artig sein,—Morgen, mein herz'ger Schatz,—Tanz' ich :,:mit dir allein:,:—:,:Liebchen, wach auf!:,:—Mach' auf dein Fensterlein,—Und lass den Liebsten ein!— :,:Liebchen, wach auf!:,:

164. Lenz.

R. Eysslinger, op. 4.

(R. Klotz.)

1. Horch, hörest du nicht, wie der Märzwind hinbraust,—Vom Berge das Wasser des Giessbaches saust?—Die Sonne des Frühlings ist wieder erwacht,—Der Lenz stürmt herein mit jungfrischer Macht—:,:Und jaget hinaus den frostigen Feind. :,:—:,:Mein Herz thu dich auf, dass die Sonne d'rein scheint. :,:

2. Nun lasse den Gram und die Sorgen entflieh'n—Wenn kosende Lüfte des Frühlings einzieh'n!—Wie schmilzt von dem sonnigen Hauche der Schnee,—So wehen sie weg all' dein Sehnen und Weh'—:,:Und bringen den Frieden mit Lust froh vereint. :,:—:,:Du hast ja genug geklagt und geweint. :,:

3. Besieget der Frühling den Winter denn nicht—Mit sonnigem Scheine, mit strahlendem Licht?—Und wie er ein wonniges Leben entfacht,—So schau' doch der Fluren bezaubernde Pracht,—:,:Und immer erweckt er und nimmer er ruht. :,:—:,:Fass' wiederum Muth, o du jungfrisches Blut. :,:

4. O lausche dem Vogelsang hoch in der Luft,— O athme der Blüthen berauschenden Duft!—Der Lenzschein hat wieder die Erde verjüngt,—Ohn' Ende es jubelt und schwirret und singt—:,:Und öffnet sich jauchzend der wärmenden Gluth::,:— :,:Mein Herz thu' dich auf, denn die Sonne meint's gut. :,:

165. Beim Liebchen zu Haus.

H. Pfeil, op. 6, No. 1.

(H. Pfeil.)

1. Am Himmel die Sonne scheint s'ist so schön d'raus—:,:Aber doch ist's am schönsten bei'm Liebchen zu Haus. :,:

2. Die Sterne am Himmelszelt schau'n so klar aus,—:,:Doch viel klarer seh'n die Sterne beim Liebchen zu Haus. :,:

3. D'rum mag ich nicht wandern mehr, mag nicht hinaus,—:,:Denn es ist doch am schönsten beim Liebchen zu Haus. :,:

166. Margret am Thore.

C. Attenhofer, aus op. 21.

1. Das beste Bier im ganzen Nest,—Das hat Margret am Thore,—Derweil es frisch den Gaumen nässt, —Spricht hold Margret zum Ohre.—Steht vor der Thür ein Lindenbaum,—Da schenkt sie mir den kühlen Schaum.—:,:Margret am Thore!:,:

2. Jüngst nächtens hatt' ich keine Ruh', — Mir war so weh, so bange,—Da wandert' ich der Linde zu, Mein Leiden währt nicht lange.—Der Mond ging auf so wundersam:—Margret steh' auf,—Margret sie kam! —:,:Margret am Thore!:,:

3. Und wandr' ich einstens wied'rum aus,—Das ganze Nest vergess' ich,—Margretlein hold im Lindenhaus,—D'ran denk' ich unablässig.—Der Mond, dazu die gold'nen Stern',—Ach könnten sie's, sie sagten's gern:—:,:Margret am Thore!:,:

167. Mein Schätzelein.

C. Attenhofer, op. 21.

1. Rothhaarig ist mein Schätzelein,—Rothhaarig wie ein Fuchs,— Und Zähne hat's wie Elfenbein— Und Augen wie ein Luchs.—Die Wangen wie ein Rosenblatt—Und Lippen wie ein' Kirsch',—:,:Und wenn es ausgeschlafen hat,—So schreitet's wie ein Hirsch.:,:

2. Im Köpfchen sitzt ihm ein Kobold,—Ein Grübchen in dem Kinn,—Ein Herzchen hat es klar wie Gold—Und kreuzfidelen Sinn.—Wie Silberglöckchen spricht's und lacht's,—Wie eine Lerche singt's,— :,:Und tanzen kann's und Knixe macht's—Und wie ein Heuschreck springt's.:,:

3. Und lieben thut's mich, Sapperlot!—Das weiss, was lieben heisst!—Und küsst es mich, Schockschwerenoth!—Ich denk' manchmal es beisst.—Doch weiter bringt ihr nichts heraus,—Und fragt ihr früh und spat;—:,:Es kratzt mir sonst die Augen aus,— Wenn ich noch mehr verrath'.:,:

168. Lob der edlen Musica.

Arrangirt von Joh. Pache.

1. Ein lust'ger Musikante spazirte einst am Nil:—O tempora, o mores. Da kroch aus dem Wasser ein grosses Krokodil—O tempora, o mores—Es wollt' ihn gar verschlingen—Wer weiss wie das geschah, Juchheirassassa, o tempo—tempora!—Gelobet seist du jeder Zeit Frau Musica.

2. Da nahm der Musikante seine alte Geigen—Und thät mit seinem Bogen fein darüber streichen.—Allegro, dolce, presto, wer weiss etc.

3. Und wie der Musikante den ersten Streich gethan,—Da fing das Krokodile zu tanzen an.—Menuet, Galopp und Walzer, wer weiss etc.

4. Es tanzte wohl im Sande im Kreise herum—Und tanzte sieben alte Pyramiden um,—Denn die sind lange wacklicht, wer weiss etc.

169. Im schwarzen Walfisch.

Studentenweise.

(J. V. Scheffel.)

1. Im schwarzen Walfisch zu Ascalon, da kneipt ein Mann drei Tag,—:,: Bis dass er steif wie ein Besenstiel am Marmortische lag. :,:

2. Im schwarzen Walfisch zu Ascalon, da sprach der Wirth: halt an!—:,: Der trinkt von meinem Baktrer-Schnaps, mehr als er zahlen kann. :,:

3. Im schwarzen Walfisch zu Ascalon, da bracht' der Kellner Schaar—:,: In Keilschrift auf sechs Ziegelstein' dem Gast die Rechnung dar. :,:

4. Im schwarzen Walfisch zu Ascalon, da sprach der Gast: O weh—:,: Mein baares Geld ging alles d'rauf im Lamm zu Niniveh. :,:

5. Im schwarzen Walfisch zu Ascalon, da schlug die Uhr halb vier,—:,: Da warf der Hausknecht aus Nubierland—Den Fremden vor die Thür. :,:

6. Im schwarzen Walfisch zu Ascalon wird kein Prophet geehrt,—:,: Und wer vergnügt dort leben will, zahlt baar, was er verzehrt. :,:

170. An die Freude.

K. Greger.

(K. Haupt.)

:,:Freude, ,: holde Tochter des Himmels — ,:Schwebe hernieder:,: — :,:Aus den goldenen Höh'n!:,:—Deines Nahens heiliges Walten—Bebe sanft :,:durch die Tiefen der Brust. :,:—Seh't :,:sie kommt:,: o öffnet ihr die Herzen, —:,:Singet laut ihr einen Lobgesang!:,:—In der Töne süssen Melodien—Da weilt die Freude gern mit heiterm Blick,—In jedem Auge strahlt ihr süsses Lächeln, —:,:Und jedes Herz ist ihrer Wonne voll. :,:—Seh't, :,:sie kommt,:,: o öffnet ihr die Herzen,—:,:Singet laut ihr einen Lobgesang!:,:

171. Das Heldengrab.

Bearbeitet v. L. Liebe, op. 101, No. 2.

(E. Rittershaus.)

1. Im Walde steht ein Eichenbaum,—Traun eine mächt'ge ries'ge Eiche!—Und unter ihr im Felsenraum—Ruht eines Heldenkönigs Leiche.

2. Von mancher Jahre Leid und Lust—Weiss jene Eiche wohl zu sagen,—Und durch des Königs breite Brust—Hat eine Wurzel sie geschlagen.

3. :,:Wenn nun das Maienglöcklein blüht:,:—Und blühend steh'n des Gartens Bäume,—Die milde Frühlingssonne glüht,—:,:Dann träumt der König süsse Träume.:,:

4. Dann träumt der Todte sich zurück—Den Segen all', den er empfunden—:,:Dann träumt er von der Liebe Glück—Von Kränzen, die das Glück gewunden.:,:

5. Doch wenn im Herbst der wilde Sturm—Am Stamm der alten Eiche rüttelt—Und heulend fährt durch Burg und Thor:—:,:Das greise Haupt der König schüttelt.:,:

6. Er denkt, wie durch den Waldesraum—Er einst gejagt zum Schlachtenreigen;—Ihm dünkt, sein Streitross scharrt am Baum,—:,:Dass er's auf's Neue sollt' besteigen.:,:

7. Er fährt empor! :,:O, dass ich dürft'—Jetzt fahren d'rein wie Gottes Wetter!:,:—Er schlummert ein. Die Eiche wirft—Auf's Heldengrab die welken Blätter.

172. Am fernen Strand.

WILH. STURM, op. 67, No. 2.

1. Wild fluthet der See! D'rauf schaukelt der Fischer im schwankenden Kahn.— Schaum wälzt wie der Schnee, scharf wehet der Wind, treibt schäumende Wellen zum Ufer heran.— Grausig und schön! So schäumen die Wellen auf Vaterland's tiefblauen See'n,—O wie schön! O könnt' ich gleich Möven hinüber mich schwingen und seh'n Euch saftgrüne Hügel euch wunderbar tiefblaue See'n.—Am fernen Strand, o Heimathland gedenk' ich dein, o mein Heimathland.

2. Wild braust durch den Hain der Herbstwind, und rüttelt den dunkeln Tann,—Fort weht er das Laub, scheu fliehet das Wild, ihm folgt mit den Rüden der Jägersmann,—Hei! lust'ge Jagd! So steigt der Jäger dem Gemsbocke nach, hei! lust'ge Jagd!— O könnt' ich auch jagen durch Felsen und Klüfte hinan,—Dem Gemsbock zu folgen auf gefährlicher, schwindelnder Bahn.—Am fernen Strand etc.

3. So brauset nur zu ihr trotzigen Stürme mit brausender Macht,—Warm schlägt doch dies Herz!— Dort über dem Meer, wo donnernd die eis'ge Lawine kracht,—Dort wohnt das Glück, Bande der Sklaven wir kennen sie nicht,—Frei ist mein Blick! Dort steht noch das Hüttchen, am blühenden, duftenden Hang, —Dort lauscht' ich so gerne der Vögel entzückendem Sang,—Am fernen Strand etc.

173. Robin Adair.

Irisches Volkslied.

1. Treu und herzinniglich, Robin Adair, Ich grüss' dich tausendmal, Robin Adair! —Hab' ich doch manche Nacht schlummerlos zugebracht.—Immer an dich gedacht, Robin Adair!

2. Dort an dem Klippenhang, Robin Adair,— Rief ich oft, still und bang: Robin Adair!—Fort von dem wilden Meer,—Falsch ist es, liebeleer,—Macht nur das Herze schwer, Robin Adair!

3. Mancher wohl warb um mich, Robin Adair,— Treu aber liebt' ich dich, Robin Adair!—Sie mögen and're frei'n—Will ja nur dir allein—Leben und Liebe weih'n,—Robin Adair!

174. Waldmorgen.

E. Köllner, op. 94.
(A. Muth.)

1. Es ist so still die Maiennacht,—So still des Waldes Hallen,—Im Grunde kühl der Bach nur wacht,—Thät' still vorüber wallen.

2. Es nicken die Blumen leis' im Traum,—Von goldenen Tagen rauscht's im Baum,—So leise heimlich sacht.

3. Horch' eine Amsel im hellen Ton—Weckt durch des Waldes Schweigen:—Ihr Schläfer, es glüht im Osten schon,—Der Wipfel will sich neigen.

4. :,: Empor, o Lerche, den Himmel grüss', :,:— Schlag' in das Blaue so laut, so süss—:,: So flieht die Nacht davon. :,:

5. Noch einmal klingt's wie Alphornklang,—Da, horch, ist Antwort kommen?—O Amsel hörst du nicht den Sang?—Der Wald hat dich vernommen.

6. Es ruft der Pirol so hell im Thal,—Der Kuckuk ruft mit einem Mal—Das ganze Thal entlang.

7. Und eine Glocke fern darein,—Beginnet süss zu klingen;—Und in dem Herzen süss und fein—Sich alle Glocken schwingen.

8. Das ist ein Singen, das ist ein Klang,—:,: Das klinget und singet die Welt entlang:,:—Gott soll gelobet sein!

175. Spanische Weise.

Für Männerchor gesetzt von
O. Neubner, op. 66, No. 5.

Lauf, lauf, mein prächtiges Pferdchen, :,: lauf!:,: —Ich, der ein Contrabandiste,—Weiss wohl Respekt mir zu schaffen, :,: lauf!:,:—Allen zu trotzen ich weiss es—Furcht aber hab' ich vor Keinem, :,: lauf!:,:— :,: D'rum nur lustig, nur lustig mein Schätzchen! Lauf!—Ach mein Rösslein, es ist ja so müde :,: lauf!:,:—Sonst fasst mich gar noch die Runde,— Wenn wir mit List nicht entschlüpfen, lauf!—:,: D'rum nur lustig. mein Schätzchen, :,: lauf, lauf!—:,: Ach mein liebes, mein prächtiges Pferdchen, lauf, lauf!:,:

176. Gondellied.

J. E. Schmoeller, op. 141.
(Müller von der Werra.)

1. Komm' Lieb' mit in die Gondel,—
Das blaue Meer ist still,—Und denk'
was ich singen—Wohl Wunderbares
will,—:,:Vom blut'gen Tanz, vom Heldenglanz?:,:—
:,:O nein, o nein, von süssem Klange muss es sein!:,:

2. Komm' Lieb', der Abend dämmert,—Die Sterne
grüssen traut—Und denk' was ich dir singen will—
Zu der Zither Laut,—:,:Vom Freiheitsbrand, vom
Vaterland?:,:—O nein etc.

3. Komm' Lieb, mein Herz verlanget—Nach dir
mit stiller Gluth—Und denk' was ich dir singen will
—Dort auf weicher Fluth,:,:Vom Carneval, vom Jubel-
schall:,:—O nein etc.

4. Komm' Lieb' mich treibt ein Sehnen—Mit dir
hinaus in's Meer,—Und denk' was ich dir singen will
—Draussen hoch und hehr,—:,:Vom Sternenzelt, der
Märchenwelt?:,:—O nein etc.

177. Heimweh.

J. Hein.
(A. Schnezler.)

1. Wenn der Schnee von den Alpen niederthaut,—Aus dem See blau
der Himmel niederschaut,—Wenn die
Glocken läuten von den Alpen her.—Schau' ich dort
die liebe Heimath nimmermehr?—:,:Liebe Heimath,
theure Heimath, schau' ich dich wohl nimmermehr?:,:

2. Wo das Alphorn von Firn zu Firne klingt—
Und der Gemsbock von Klipp' zu Klippe springt,—
Wo der Adler kreiset über'm Wolkenmeer,—Schau
ich dort etc.

3. Wo der Staubbach sich stürzet in die Kluft,—
Donners Zornhall von Fels zu Felsen ruft,—Fern er-
tost der Schlaglawinen wildes Heer,—Schau ich
dort etc.

4. Wenn die Nacht sinkt und rings die Sterne
glüh'n,—Wenn der Tag winkt und Alpenrosen blüh'n
—O mein, mein Herz, was pochst du doch so schwer,
—Schau ich dort etc.

178. Waldveilchen.

L. KOEMMENICH, op. 20, No. 1.

(O. Hausmann.)

1. Herzig' Veilchen im Waldesgrund,
—Oeffne die Aeug'lein, die blauen!—
Gieb mir den Himmel auf Erden kund,—Lass' mich
in sel'ger Weihestund'—Innig und wahr,—Leuchtend
und klar,—Frühlingswunder schauen!

2. Auf den Höh'n liegt ros'ger Duft — Längst
brach die eisige Rinde!—Klingen und Singen erfüllet
die Luft,—Auf den Wiesen, in Wald und Kluft,—
Holdes Getrieb',—Seligste Lieb',—Blüthen kosen im
Winde!

3. Wunderliebliche, holde Maid,—Veilchen im
Waldesgrunde,—Lass' nicht verrinnen die schöne
Zeit—Lass' uns in Göttertrunkenheit—Wonnigen
Rausch,—Seligen Tausch—Finden im Herzensbunde!

179. Die Lieder.

C. HEISER.

1. Es werden Klänge so leis' und
süsse—Wie Sphärenklang und Engels-
grüsse,—Das Mutteraug' auf's Kind-
lein sieht:—:,:Das ist ein seliges, seliges Wiegenlied. :,:

2. Die Nachtigall flötet beim Abendscheine,—
Es wandelt der Sänger im Blüthenhaine,—Was tief
aus der Seele zum Himmel zieht:—:,:Das ist ein heiliges, heiliges Liebeslied. :,:

3. Es schaaren sich Männer auf grüner Haide,—
Das Eisen zur Wehre, das Eisen zum Kleide,—:,:Da
brauset es her im Sturmesdrang::,:—:,:Das ist der
mächtige Schlachtgesang. :,:

4. Umflorte Pilger zum Friedhof wallen,—Es ist
die Blüthe vom Zweige gefallen,—Es hebt sich die
Klage schwer und bang—Schlaf wohl: :,:das ist der
Grabgesang. :,:

5. Wenn einst der Grabgesang uns erklungen,—
Dann haben wir Sänger ausgesungen,—Hoch über
den Sternen dem Schöpfer nah'—Da singen wir ewig:
:,:Halleluja!:,:

87

180. Ich hab' mein Herz verloren.

L. Koemmenich, op. 20, No. 2.

(R. Herzog.)

1. Der Sommer geht zur Rüste,—
Und nur die Haide blüht.—Seit mich
das Unglück küsste,—Da ist mein
Herz verglüht.—Die Rose, die ich bis
zur Stund'—Geliebt, wer giebt mir
von ihr Kund'?—Der Sommer geht etc.

2. Da ich dich einst gesehen,—
Wusst' ich, wie Liebe thut,—Doch einsam weiter
gehen,—Das schafft gar bitt'ren Muth,—Die Liebe
jauchzt, die Liebe lacht,—Doch auch die Liebe elend
macht—Da ich dich einst etc.

3. Wer hiess mich Thoren wandern,—Da waid-
wund schon mein Herz—Nun trag' zu vielen andern
—Ich auch der Trennung Schmerz.—Wär' ich, wo
meine Rose blüht,—Es schlüg' mein Herz nicht kalt
und müd'.—Wer hiess mich etc.

4. Ich hab' mein Herz verloren—Mit aller seiner
Gluth,—Als hätt' schon ausgegohren—Mein stolzes
Burschenblut,—Ich zieh' die Strasse still zurück.—Ich
such' die Rose, such' mein Glück!—Ich hab' mein
Herz etc.

181. Das Lieben bringt gross' Freud'.

Volkslied, bearbeitet von E. J.—N. Y.

1. Das Lieben :,:bringt gross'
Freud',:,:—Es wissen's alle Leut',
—Weiss mir ein schönes Schätze-
lein,—Mit zwei schwarzbraunen
Aeugelein,—:,:Das mir:,: mein Herz erfreut.

2. Ein Brieflein:,:schrieb sie mir,:,:—Ich sollt'
treu bleiben ihr,—D'rauf schick' ich ihr ein Sträusse-
lein,—Von Rosmarin und Nägelein,—:,:Sie soll:,:
mein eigen sein.

3. Mein eigen :,:soll sie sein, :,:—Kein'm Andern
mehr als mein.—So leben wir in Lust und Leid,—Bis
der Tod uns Beide scheid't.—:,:Leb' wohl:,: mein
Schatz leb' wohl!

182. Fröhliche Armuth.

ED. KREMSER.

(R. Baumbach.)

1. So einer hat kein Zweigespann—Der geh' zu Fusse stolz,—Und wer aus Gold nicht trinken kann,—:,:Der trink' aus Thon und Holz;:,:—Ein Ritter bin ich freilich nicht,—Hab':,:weder Hof:,: noch Geld:—:,:Mein Erbgut ist das Himmelslicht,—Dazu die weite Welt!:,:

2. Und wären Gold und Silber mein,—Karfunkel und Topas,—So trügst du nicht am Fingerlein—:,:Den Ring von buntem Glas.:,:—Doch funkelt in der Sonnengluth,—Wie:,:Diamant:,: der Ring—:,:Und küssen kann ich g'rad so gut,—Als wie ein Edeling. :,:

183. Sängermarsch.

JOH. PACHE, op. 31.

(Fr. Oser.)

1. Klar die Berge, grün die Auen,—Und das Thal voll Veilchenduft,—Und Lerchenjubel hoch im Blauen,—:,:Und so frisch, so frisch die Luft.:,:—:,:La la la,:,: o wer sing' nicht mit —:,:Freudig hell auf Schritt und Tritt.:,:

2. Wie schön ist es zu ziehen—In's grüne Land hinein,—Wenn ringsum hell erglühen—Die Berge im Sonnenschein,—Wie dehnet sich das Herze—Wie wird die Brust so weit.—:,:Wie schön ist's im Maien,—Wie schön ist die Frühlingszeit. :,:

184. Auf der Wacht.

C. KUNTZE, op. 20, No. 2.

1. Für brave Kameraden—Hier steh' ich auf der Wacht,—Und habe scharf geladen—Bei Tage und bei Nacht. :,:Schlaft wohl!:,:

2. Wie Tags aus hohen Himmel—Da hält die Sonne Wacht,—Nur Nachts im Sterngewimmel—Der Mond die Runde macht. :,:Schlaft wohl!:,:

3. Wer da? Es rauscht im Laube—Der Hauch des Abendwinds—Wer da? Wer da? Ich glaube—Der Liebsten Seufzer sind's. :,:Schlaft wohl!:,:

185. Sängers Gruft.

FR. ABT, op. 323, No. 3.

(H. Franke.)

1. Wenn Sängers Lippen bebend—
Das letzte Lied entklingt,—Auf Harmonieen schwebend—Sein Geist sich aufwärts schwingt:—Im Walde grabt des Sängers Grab,—Mit Liedesgruss senkt ihn hinab.—:,:Im grünen, grünen Waldesraum—Da träumt' er süssen Traum.:,:

2. Von Abend bis zum Morgen—Singt ihrer Lieder Schall,—Tief im Gebüsch verborgen,—Die Nachtigall, am Grab die Nachtigall.—Sie singt dem Sängersmann zur Ehr'—Die Blumen duften ringsumher.—:,:Im grünen Waldesraum etc.:,:

3. Auf diesem Platz zu lauschen,—Bleibt still der Wandrer steh'n,—Er hört ein Klingen, Rauschen,—Und kann es nicht versteh'n.—Die Nachtigall vertraut ihm dann:—Hier schläft ein wack'rer Sängersmann.—:,:Im grünen Waldesraum etc.:,:

186. Abschied hat der Tag genommen.

V. E. NESSLER, op. 89.

(A. Kleber)

1. Abschied hat der Tag genommen—Und die stille Nacht zieht ein;—Zwielicht's dichte Trauerschleier—Decken schon den duft'gen Hain.
2. Nach der Heimath ziehen alle,—Die da athmen klein und gross,—Von des Tages heissem Mühen—In des Hauses Freudenschooss.

3. Alle sind schon heimgegangen,—Ich allein noch wandle still.—Weil mein Herz das sturmbewegte—Nicht zur Ruhe kommen will.:,:—:,:Abschied hat der Tag genommen—Und die stille Nacht zieht ein.:,:

187. Beim Weine.

L. Birseck, op. 21.

(R. Sturm.)

1. Die Berge glüh'n im Sonnenschein—So weit die Augen schweifen,—:,:Mir ahnt, der edle Feuerwein:,:—Wird heuer mächtig reifen.—D'rum schafft dem „Neuen" Raum im Haus!—Der letzte Tropfen muss heraus—:,:Vom Alten!:,:

2. Rundum der wack're Humpen eilt,—Die Freundschaft hoch, ihr Brüder!—:,:Ob Jahr auf Jahr im Flug' enteilt:,:—Wir finden uns doch wieder.— Und wieder klingt das Thal entlang,—Aus froher Brust der deutsche Sang—:,:,,Beim Neuen"!:,:

3. Der Trinkspruch, Freunde, hallet fort,—Wie uns die Woge treibe,—:,:Es brauset wie ein Donnerwort:,:—Ein Hoch dem deutschen Weibe!—Und wer es heget lieb und still—Und wer es noch erringen will,—:,:Soll leben!:,:

188. Ueber's Jahr mein Schatz!

(Dorothea Böttcher.)

W. Handwerg.

F. van der Stucken.

1. :.:Ueber's Jahr mein Schatz:,: — Wenn die Rosen blüh'n im Garten, — :,:Dann kannst du mich erwarten, :,:—Dann schmücke dein bräutlich' Haar — :,:Ue-ber's Jahr mein Schatz, über's Jahr.:,:

2. Und kehr' ich nicht heim über's Jahr,—Wenn der Kuckucksruf erklungen,—:,:Dann hat mich die See verschlungen.:,:—Dann leb' wohl mein Schatz, auf immerdar.

3. Und komm' ich zurück über's Jahr—Und hat sich bewährt dein Lieben—Und bist du mir treu geblieben—Dann treten wir zum Altar—:,:.Ueber's Jahr, mein Schatz über's Jahr.:,:

189. Mein Heimaththal.

H. Pfeil, op, 6, No. 2.

(Jul. Sturm.)

1. Wo bleiben die Blumen so schön,—
Wo singen die Vöglein so hell,—Wo
rauscht von den felsigen Höh'n.—So munter der plät-
schernde Quell;—Wo leuchtet so golden der Sonnenstrahl—:,:Wie hier im Thal,:,: im theuren Heimaththal?

2. Wo stehen die Hütten gebaut—So friedlich im
sonnigen Grund,—Wo klingen so lockend und traut—
Die Worte der Liebe vom Mund;—Wo grüsset so
freundlicher Augen Strahl—Wie hier im Thal etc.

3. Hab' fröhlich durchwandert die Welt—Und
viel ist mir Holdes gescheh'n—Was Augen und Ohren
gefällt.—Ich hab' es gehört und geseh'n;—Doch grüss'
ich vor Allem vieltausendmal—Mein Heimaththal,
mein theures Thal —Mein Heimaththal—Mein theures Heimaththal.

190. Heimkehr.

Bearbeitet von Joh. Gelbke.

(Schimpke.)

1. Horch! Die alten Eichen rauschen
—Immer noch dasselbe Lied,—:,:Sonst
ist Alles anders worden,—Seit ich aus der Heimath
schied.:,:—Mit Geleit zog ich von hinnen,—Fremd
und einsam zieh' ich her,—:,:Herz, wie bist du voll
von Sehnen,—Heimath ach wie bist du leer!:,:

2. Nur die alten Kirchenglocken—Singen ihren
trauten Sang,—:,:Sonst hat Willkomm' mir geboten
—Keiner lieben Stimme Klang.:,:—Und kein glän-
zend' Auge wünschte,—Freundlich mir zur Heimkehr
Glück,—:,:Herz, die Heimath ward zur Fremde,—
Warum kehrtest du zurück?:,:

3. Nur der Wald hat dir erhalten,--Hinter'm beeren-
reichen Haag,—:,:Wohlbekanntes Grünen, Blühen—
Und den alten Finkenschlag:,:—Leises Flüstern,
Jugendträume;—Heimisch' Wehen, Herzensfried'—
Und die alten Eichen rauschen—Immer noch dasselbe
Lied.

191. Gott grüsse dich!

(Jul. Sturm.)

Hugo Jüngst, op. 30, No. 1.

Fr. Mücke.

1. Gott grüsse dich! Kein andrer Gruss — Gleicht dem an Innigkeit, — Gott grüsse dich! Kein andrer Gruss—Passt so zu aller Zeit.

2. Gott grüsse dich! Wenn dieser Gruss — So recht vom Herzen geht, —Gilt bei dem lieben Gott der Gruss—Soviel wie ein Gebet.

192. Dixie's Land.

D. EMMETT, für Männerchor von

F. VAN DER STUCKEN.

1. O wär' ich doch, wo wir Baumwoll' pflückten, —Alte Zeiten uns beglückten, —:,: Wär' ich da!:,: Dixieland!—In Dixieland wo ich geboren,—Winter's früh als es gefroren :,: Wär' ich da:,: Dixie Land!—O wär' ich doch in Dixie :,: Hurrah!:,: Dir Dixie's Land ist zugewandt—Mein Herz und Sinn, dir Dixie!—:,: Wär ich da:,: Im schönen Dixie!

2. Die alten Damen, sie sollen leben,—Und die jungen auch daneben :,: Wär' sie da:,: Dixie Land!—Wollt ihn' vertreiben Plag' und Sorgen,—Kommt und hört mein Liedel morgen,—:,: Wär't ihr da:,: Dixie Land—O wär ich doch etc.

193. Waldeinsamkeit.

L. BIRSECK, op. 22.

1. Es flimmert ein Regenbogen—Im Grund zwischen Felsgestein,—:,: Dort zieh'n eines Waldsee's Wogen—Den sachten, verschwiegenen Reih'n.:,:

2. Am Ufer ein müder Geselle,—Der späht in das Räthsel hinab,—:,: Als wollt' er zur tiefsten Stelle—Versenken den Wanderstab. :,:

3. Hier floh ihn das quälende Träumen,—Hier schweigt die rauschende Zeit,—:,: Und über den Wassern, den Bäumen,—Thront liebreich die Einsamkeit. :,:

93

194. Waldabendschein.

J. E. Schmölzer, op. 209, No. 1.
(Fr. Oser.)

1. Am Waldrand steht ein Tannenbaum—Mit lustig schwankendem Wipfel,—Da schwingen sich, husch, zwei Vög'lein d'rauf—:,:Zu oberst auf den Gipfel,:,:—Und singen so laut, und singen so fein:— Weiss wohl, was euch Beiden so wohl gefällt:—:,:Und Schöneres giebt's nicht in Gottes Welt—Als den Wald in rothem, gold'nen Abendschein.

2. O könnt' ich schau'n mit euch herab—Ihr Vöglein auf allen Schimmer,—Auf's funkelnde Grün, auf das zitternde Licht,—Auf's neckisch holde Geflimmer, —Mit einem Mal', o wie schön müsst' es sein:—Denn mir und Euch nichts so wohl gefällt—Und Schöneres giebt's nicht in Gottes Welt—Als der Wald etc.

3. Und ist der letzte Sonnenstrahl—Spät aus dem Walde geschieden,—Und sinkt hernieder die stille Nacht,—Mit ihrem seligen Frieden,—Und noch im Traume klingt es fein:—Viel Schönes giebt's wohl, was uns gefällt,—Doch Schöneres etc.

195. Madrigal.

M. Spicker, op. 34, No. 1.

(Nach Th. Moore von F. Freiligrath.)

1. Horch! Wie über's Wasser hallend—Klar die Vesperhymne klingt!—Näher jetzt und näher schallend,—:,:Bis sie voll:,: zum Ohre dringt;:,:Jubilate:,: Amen!—Ferner jetzt und ferner hallend,—:,:Bis sie sanft dem Ohr verklingt:,: :,:Jubilate:,: Amen.

2. Jetzt, wie Mondscheinwellen rollend—An das Ufer strebt sie hin;—Jetzt, wie zornige Brandung grollend—Wächst die Fluth des Liedes kühn:—:,:Jubilate:,: Amen.—Wieder horch! wie Wellen rollend— An das Ufer stirbt sie hin: :,:Jubilate:,: Amen.

196. Was ich habe.

Oberbairisches Volkslied.

Bearbeitet von CARL BOHM.

Für Männerchor von A. ZANDER.

1. Schöne Lied'le, ja die kenn' i,—Grad' drei an der Zahl,—Eines pfeif' i, eines summ' i, eines sing' i a mal, :,:—:,:Holdrio, Holdrio.:,:

2. Gute Wirthhäus'le, ja die weiss i—Ganzer drei an der Zahl,—Im einen borg' i, im and'ren trink.i, im dritten rauf' i a mal.—:,:Holdrio.:,:

3. Schmucke Mäd'le, ja die hab' i—Ganzer drei an der Zahl,—Eine fopp' i, eine lieb' i, eine heirath' i 'mal.—:,:Holdrio.:,:

197. Reiterlied.

FRANZ LISZT.

(G. Herwegh.)

1. Die bange Nacht ist nun herum,— Wir reiten still, wir reiten stumm,— Und reiten in's Verderben.—Wie weht so scharf der Morgenwind!—Frau Wirthin, noch ein Glas geschwind —Vor'm Sterben!

2. Du junges Gras, was stehst so grün?—Musst bald wie lauter Röslein blüh'n;—Mein Blut soll ja dich färben.—Den ersten Schluck, an's Schwert die Hand, —Den trink' ich, für das Vaterland—Zu sterben.

3. Und schnell den zweiten hinterdrein,—Und der soll für die Freiheit sein,—Der zweite Schluck vom Herben.—Dies Restchen—nun, wem bring' ich's gleich?—Dies Restchen dir, o römisch Reich,—Zum Sterben!

4. Dem Liebchen—doch das Glas ist leer,—Die Kugel saust, es blitzt der Speer—Bringt meinem Kind die Scherben!—Auf! in den Feind wie Wetterschlag! —O Reiterlust, am frühen Tag—Zu sterben!

198. Gothenzug.

A. Becker, op. 2.

(Felix Dahn.)

1. Gebt Raum, ihr Völker, uns'rem Schritt:—Wir sind die letzten Gothen! —Wir tragen keine Schätze mit:—Wir tragen einen Todten.

2. Mit Schild an Schild und Speer an Speer— Wir zieh'n nach Nordlands Winden,—Bis wir im fernsten grauen Meer—Die Insel Thule finden.

3. Das soll der Treue Insel sein:—Dort gilt noch Eid und Ehre:—Dort senken wir den König ein—Im Sarg der Eichenspeere.

4. Wir kommen her—Gebt Raum dem Schritt!— —Aus Romas falschen Thoren:—Wir tragen nur den König mit:—Die Krone ging verloren.

199. Ecce quam bonum!

Ecce quam bonum, quam que jucundum habitare fratres in unum!

200. Willkommen.

C. Weidt.

Nun stimmt mit hellem Sang und Klang—Den Brüdern den Willkommgruss an: :,:Willkommen!:,:

201. Sängergruss der Deutschen.

O. T. Weiss.

Auch einen halben Ton höher zu singen.

Grüss' Gott! Ihr Sänger frank!— Heil deutscher Art in Wort und Klang! (oder: in deutschem Sang!)

202 a) Toaste.

Fr. Abt.

:,: Er lebe Hoch. :,:

203 b) R. Graner.

:,:Sie leben hoch:,: immerdar,—Die ganze frohe Schaar—
:,:Sie leben hoch:,:—Sie leben
immerdar!—Sie leben, :,:hoch!:,:

204 c) W. Sturm.

:,: In Folge dieses freudigen Ereignisses:,: er lebe
hoch, ja dreimal :,:hoch. :,:

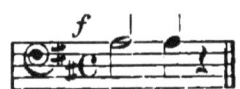

205. Trinkspruch.

W. Pabst.

:,:Alles was wir lieben:,: soll leben.

206. Zum Abschied.

Max Spicker.

:,:Auf Wiederseh'n!:,:—Behüt' dich
Gott!—Auf Wiederseh'n!

207. Die Sänger den Sängern beim Scheiden.

G. O. T. Weiss.

Ihr Sänger lebt wohl!—Es geht
nun an's Scheiden!—:,:Doch Wie-
dersehensfreuden, — Die winken
uns wohl.:,:—:,:Lebt wohl!:,:

208 a) Sängergrüsse.

H. Haden.

(Bei Aufnahme neuer Mitglieder zu singen.)

:,: Willkommen:,: im fröhlichen Sängerverein,—
Wir sehen mit Freuden dich (euch) heute in unseren
Reih'n,—Erhebt euch, ihr Sänger und bringt ihm
(bringt ihnen) ein Hoch,—Ein dreifaches, donnerndes
Hoch!—Er lebe (sie leben) hoch! Hurrah! Hurrah!

209 b) C. Eisner.

Sei gegrüsst in unserm trauten Kreise,—Sei gegrüsst nach ächter Sängerweise—Ein dreifach Hoch
sei dir gebracht, ja :,: ein dreifach Hoch:,: :,: Hoch.:,:

210 c)

:,: Grüss Gott:,: mithellem Klang—Heil deutschem
Wort und Sang.

211. Sängersprüche.

a) E. Fromm.

Aus freier Brust ein freier
Sang—Bleibt Sänger's Lust sein
Leben lang!

212 b) Carl Hirsch.

Rein im Ton und wahr im
Wort!—Deutsches Lied sei unser
Hort!

213 c) H. Mohr.

(F. Fernbach.)

:,: Freiheit, Wahrheit, Recht und
Licht—Zu erstreben zaget nicht!:,:

214. Den Abwesenden.

C. WEIDT.

In Lieb' und Treu' gedenken wir
—:,:Der Freunde die so weit von hier. :,:

215. Hail Columbia.

1. Hail Columbia, happy land!—
Hail, ye heroes. heaven-born band,—
Who fought and bled in freedom's
cause. :,:—And when the storm of
war is gone,—Enjoyed the peace your valor won.—
Let Independence be your boast—Ever mindful what
it cost,—Ever grateful for the prize,—Let its altar
reach the skies.—Firm united let us be—Rallying
round our liberty!—As a band of brothers join'd,—
Peace and safety we shall find.

2. Immortal patriots! rise once more!—Defend
your rights, defend your shore:—:,: Let no rude foe with
impious hand. :,:—Invade the shrine where sacred lies
—Of toil and blood, the well-earn'd prize—While
off'ring peace sincere and just — In heaven we place
a manly trust, — That truth and justice may prevail,
—And every scheme of bondage fail.—Firm united etc.

3. Sound, sound the trump of fame, — Let
Washington's great name—:,:Ring through the world
with loud applause!:,:—Let every clime, to freedom
dear,—Listen with a joyful ear;—With equal skill,
with steady power,—He governs in the fearful
hour—Of horrid war, or guides with ease,—The
happier time of honest peace.—Firm united etc.

4. Behold the chief, who now commands,—Once
more to serve his country, stands,—:,:The rock on
which the storm will beat!:,:—But armed in virtue,
firm and true, —His hopes are fixed on heaven and
you,—When hope was sinking In dismay, — When
gloom obscured Columbia's day,—His steady mind
from changes free, —Resolved on death or liberty.—
Firm united etc.

216. The Star Spangled Banner.

1. Oh! say can you see by the dawn's early light,—What so proudly we hail'd at the twilight's last gleaming, — Whose broad stripes and bright stars through the perilous fight,—O'er the ramparts we watch'd, were so gallantly streaming? — And the rockets red glare, the bombs bursting in air,—Gave proof thro' the night, that our flag was still there;—Oh, say does the star-spangled banner yet wave—O'er the land of the free, and the home of the brave?

2. On the shore dimly seen thro' the mists of the deep,—Where the foe's haughty host in dread silence reposes,—What is that which the breeze o'er the towering sweep,—As it fitfully blows, half conceals, half discloses?—Now it catches the gleam of the morning's first beam,—In full glory reflected, now shines on the stream;—'Tis the star-spangled banner, oh, long may it wave—O'er the land of the free and the home of the brave.

3. And where is that band who so vauntingly swore—That the havoc of war, and the battle's confusion,—A home and a country should leave us no more?—Their blood has wash'd out their foul footsteps pollution.—No refuge could save the hireling and slave.—From the terror of flight, or the gloom of the grave:—And the star-spangled banner in triumph doth wave—O'er the land of the free, and the home of the brave.

4. Oh! thus be it ever, when freemen shall stand —Between their loved home and the war's desolation, —Bless'd with vict'ry and peace, may the heaven-rescued land—Praise the power that has made and preserved us a nation.—Then conquer we must, when our cause it is just,—And this be our motto, "IN GOD IS OUR TRUST:"—And the star-spangled banner in triumph shall wave—O'er the land of the free, and the home of the brave.

Alphabetisches Register der Liederanfänge.

Componisten-Register nebst Liedertiteln.

*) Wie nunmehr Dr. Max Friedländer in Berlin festgestellt hat, befindet sich das Original dieser vermeintlichen Mozart'schen Composition in der Hamburger Stadtbibliothek und hat folgenden Titel :
Wiegenlied | von Gotter | in Musik gesetzt von Flies.
Zu haben bei Böheim, Berlin | Gedruckt bei G. F. Starde.
Diese Flies'sche Composition ist nach Fr. keine andere, als die unter Mozart's Namen veröffentlichte.

Register der Dichter.

(Die Zahlen bedeuten die Nummern der Lieder.)